兰州财经大学科研专项经费资助
兰州财经大学省级重点学科（应用经济学）经费资助
兰州财经大学丝绸之路经济研究院招标项目(JYYY201610)经费资助

U0506957

中俄资源富集区
发展模式对比研究

——以甘肃省和伊尔库茨克州为例

 万永坤 / 著

中国财经出版传媒集团

经济科学出版社

Economic Science Press

图书在版编目（CIP）数据

中俄资源富集区发展模式对比研究：以甘肃省和伊尔库茨克州为例/
万永坤著 . —北京：经济科学出版社，2017.4
ISBN 978 - 7 - 5141 - 7993 - 4

Ⅰ.①中⋯　Ⅱ.①万⋯　Ⅲ.①区域经济发展 - 经济发展模式 -
对比研究 - 中国、俄罗斯　Ⅳ.①F127②F151.27

中国版本图书馆 CIP 数据核字（2017）第 099630 号

责任编辑：杜　鹏
责任校对：刘　昕
责任印制：邱　天

中俄资源富集区发展模式对比研究

——以甘肃省和伊尔库茨克州为例

万永坤/著

经济科学出版社出版、发行　新华书店经销
社址：北京市海淀区阜成路甲 28 号　邮编：100142
总编部电话：010 - 88191217　发行部电话：010 - 88191522
网址：www. esp. com. cn
电子邮件：esp@ esp. com. cn
天猫网店：经济科学出版社旗舰店
网址：http://jjkxcbs. tmall. com
北京季蜂印刷有限公司印装
710 × 1000　16 开　10.75 印张　200000 字
2017 年 4 月第 1 版　2017 年 4 月第 1 次印刷
ISBN 978 - 7 - 5141 - 7993 - 4　定价：49.00 元
（图书出现印装问题，本社负责调换。电话：010 - 88191510）
（版权所有　侵权必究　举报电话：010 - 88191586
电子邮箱：dbts@ esp. com. cn）

前　言

　　当前国际形势复杂多变，如何在国际关系新格局中选择定位、参与秩序重建和获得地区利益，成为地区发展的必然选择。中亚各国、俄罗斯、中东欧国家在历经政治经济变革后，近年来局势日趋稳定，投资环境不断改善，经济发展日益活跃，不仅有意与中国扩大经贸合作，而且具有较好的合作基础。从国内来看，经过三十多年的快速发展和近十多年对西部地区的大开发建设，我国西部地区经济社会取得了长足发展，基础设施条件不断提升，经济实力不断壮大，与周边国家和地区进行经贸往来与人文交流具备了一定的优势和条件，从而为我国开拓对外开放的新局面奠定了一定的基础，而不断加强与周边国家或地区在经贸领域的合作，甚至是政治领域的合作，已经成为经济全球化发展的重要趋势。为应对国际国内经济发展形势，习近平总书记提出了重建"一带一路"的战略构想，随着"丝绸之路经济带"建设的有力推进，极大地促进了中国对中亚、西亚和南亚扩大商品出口，化解国内产能过剩，加强丝绸之路沿线国家合作与交流，对实现合作共赢的新局面具有重要的意义。2015年5月，习近平主席在访问俄罗斯期间与俄罗斯总统普京共同签署了《中俄两国关于丝绸之路经济带建设和欧亚经济联盟建设对接合作的联合声明》、《关于深化全面战略协作伙伴关系倡导合作共赢的联合声明》等，这对于推动中俄两国在创新发展、高科技等领域的深层次合作与交流，加强双方贸易往来，具有重大的促进带动作用。

　　甘肃位于亚欧大陆桥和"丝绸之路经济带"的重要通道位置，可以利用区位优势，承东启西，外引内联，不断拓展新的市场空间，把向西开放作为经济转型升级和发展方式调整的重要突破口，将"内陆发展"和"向西开放"结合起来，以开放激活经济发展潜力，调整经济结构和产业布局，寻求新的经济发展动力，支撑未来一段时期甘肃经济的持续快速发展，将甘肃打造成为向西开放的重要通道、文化交流的重要平台、产业发展的重要集聚区和"丝绸之路经济带"上的黄金地段。正是基于这一目的，笔者才把博士论文重新整理出版，希望能为从事相关研究的人员提供帮助。

本书共分为六章，具体内容如下：

第一章绪论。本章主要介绍本书研究的背景，以及选择甘肃和伊尔库茨克作为研究对象的依据及意义。

第二章区域发展理论与发展模式综述。本章在详细论述国内外研究现状后，对资源约束下经济增长的理论进行系统的归纳和整理，在古典经济增长理论、资源经济学以及新经济增长理论基础上，特别突出了自然资源禀赋与经济增长的互相作用，指出了现有理论和实证研究的不足之处。

第三章甘肃省与伊尔库茨克州自然资源和社会经济现状对比。本章以中俄两国资源富集区发展所表现出来的产业结构畸形和经济发展水平落后为出发点，对中俄两国资源富集区不同的资源供给进行对比，分析不同尺度下资源对经济增长制约空间演化机理，并运用全要素生产模型对经济增长过程中各个因素的影响进行深入分析。

第四章甘肃省与伊尔库茨克州区域发展模式对比。本章通过描述自然资源在经济发展中的地位与作用，给出了自然资源无限供给、有限供给、级差供给条件下的经济增长路径以及经济增长过程中的资源约束模型，以两国省（州）际层面的数据资料为依据，对当前自然资源约束程度与经济增长进行对比分析，揭示了"资源诅咒"是由于自然资源禀赋通过内生的要素流动、外生的制度安排以及由于科技能力下降所产生的空洞效应等三种渠道制约了区域经济增长，丰裕的自然资源所引致的制造业衰退和不合理或缺乏监督的资源产权制度是其中的关键，所以弱化自然资源约束的关键是必须改变内生要素流动和外生制度安排，而市场经济绩效、区位条件以及社会基础的差异等又是造成资源富集地区经济发展落后的主要原因。

第五章资源约束下甘肃省与伊尔库茨克州区域发展模式选择。本章运用 Romer 模型，从资源约束的角度分析资源与经济发展之间的关系，即资源存量约束和结构约束下区域发展机制，对资源富集区发展路径和发展模式进行研究，分析两地经济发展水平落后的深层次原因，指出不同尺度资源约束下的经济发展路径和发展模式。

第六章甘肃省与伊尔库茨克州区域发展和合作对策。本章指出区域经济发展模式在自然资源和地理环境状况、人口与劳动力、资金状况、技术条件、历史文化传统、区域经济发展战略、政策环境和与其他区域的互动关系等因素的综合作用下形成，由于甘肃省与伊尔库茨克州经济改革和发展的过程中，制度、资金、技术与市场等资源的相对稀缺性，使资源配置成为经济发展的主导因素，即应该以产权制度创新、经济转型创新、科技创新和资源开发利益分配创新为核心，制定适合自然资源管理的政策，合理开发和利用资源，以此弱化自然资源对经济发展的制约，实现经济社会可持续发展，并根据两地的经济发展现状与特点，探索了两地经贸合作的前景及合作模式。

作者
2017 年 2 月

目　　录

第一章 绪 论

第一节 研究背景及意义

中国与俄罗斯都是幅员辽阔，区域之间人口、资源等经济发展要素分布极不均衡，导致区域发展的差异不断扩大，区域之间在自然、人文和经济等各个方面均表现出各自的独特性[1]，具体到经济方面，则表现为经济发展水平和发展路径的差异。由于不同区域的特定环境、资源条件和经济实践不同，又产生了不同的区域经济发展模式，即区域经济发展模式就是特定区域在一定历史条件下的经济发展特征、经济发展过程及其内在机理的高度概括，是经过长期实践形成的较为固定的发展定式，是实践经验在理论上的升华。

自20世纪末期开始，地缘政治因素对世界能源及能源市场的影响日益显现。由于中国和俄罗斯在地理上相互接近，开展能源合作无疑具有地缘上的优势，两国都把对方视为重要的能源合作伙伴。同时，以能源为突破口提升两国间及两国地区层面上的合作水平，还可促进地区能源安全体系的建立，从而提高各自在国际舞台上的影响力。近年来，中俄两国相继出台了一系列大型油气合作项目，这些项目的顺利实施将有助于双方实现各自的利益诉求。因此，对于中俄两国资源富集区进行对比研究，以便认清其中尚存的问题，巩固已取得的成就，并且在现有条件下如何引导资源开发与利用、优化资源配置，选择何种发展模式使得资源开发更符合区域未来发展路径，并能加深两国的合作，就成为一种必要的战略选择，对这些问题的思考，便是本书研究的起点。为此，本书选择中俄区域发展模式进行对比研究，主要基于以下背景。

一、研究背景

（一）现实背景

1. 地缘政治。地缘政治（geopolitics）是政治地理学中的一种理论。它根据各种地理要素和政治格局的地域形式，分析和预测世界或地区范围的战略形势和有关国家的政治行为，它把地理因素视为影响甚至决定国家政治行为的一个基本因素。中俄两国凭借着广袤的国土面积、丰富的资源禀赋、庞大的人口规模、迅速崛起的经济，在全球的影响力越来越大。目前，俄罗斯虽然面临着十分复杂的经济和社会问题，但连续十多年 GDP 年均增速超过 6%，经济持续快速发展，使俄罗斯逐步恢复了大国地位，提升了其在世界经济中的地位，也标志着俄罗斯彻底摆脱苏联解体之后的衰退，开始步入真正的增长轨道。中俄两国的经济高速增长和综合国力的提升，使一些发达国家感到十分不安，并将中俄两国视为潜在的竞争对手和巨大威胁，在各方面都实施了遏制战略。美日韩政治、经济、军事结盟，实际上是指向中俄朝三国，目的就是打击与遏制这些国家的发展，其结局是不利于东北亚地区的经济合作与和平发展，严重地威胁到了中国和俄罗斯的和平与安全，也威胁到了世界的和平与安全，使得中俄两国也紧密站在一起。但要维持东北亚和平与稳定，两国就必须提高综合国力、消除地区差异，保证国内稳定与团结，加强在国际政治、经济舞台的合作，才能为世界和平提供保障[2~7]。

另外，中日钓鱼岛、日俄北方四岛领土冲突和朝鲜核问题，朝韩对峙和西方国家的债务危机，也使得中国与俄罗斯成为世界经济增长的重要动力与地区和平的重要力量。但是，西方国家既不希望中俄强大，又希望借助中俄两国经济发展前景来摆脱债务危机，这种较量与斗争又会造成一种"挤压"效应，必然会加强中俄之间的靠拢与合作，促进中俄双边区域经济合作。因此，中俄两国在未来发展中需要寻求共同利益，深化两国区域经济合作，提升两国的战略协作伙伴关系，维护各自国家的统一及国际战略力量的平衡[2~7]。

2. 中俄区域经贸合作。中俄是毗邻而居、一衣带水的两个大国，有着 4300 多公里的共同边界线和 300 多年的交往历史。目前中俄两国关系处于历史上最好的发展时期，从 2001 年《中俄睦邻友好合作条约》签署至今十多年时间内，两国世代睦邻友好关系和战略协作伙伴关系日益巩固，加之两国高层会晤机制的建立，为开展两国区域经济合作提供了稳定的政治保障和良好的合作氛围。在中俄两国政府的共同努力和大力推动下，两国的区域经济合作尤其是边境地区的经贸合作，近些年来得到了快速发展，然而我们也应看到中俄两国区域经济合作总体上还滞后于世界经济全球化和区域经济一体化的发展趋势，特别是与两国经济实力和发展潜力不相称[8~10]。因此，在后危机时代如何顺利推进和深化中俄区域经济合作，哪些因素影响中俄区域经济合作的进程？如何建立合作与协调机制，构建何种模式、选择何种路径进行合作发展，才能为实现两国经济合作的良性互动、为经济持续稳定发展提供良好的外部环境，已成为两国政府面临的共同任务，这也正是本书所要回答的问题。

（二） 理论背景

社会的发展、物质财富和精神财富的再生产是在人与自然不断相互作用过程中实现的，与资本和劳动力一样，自然资源也是再生产过程中必不可少的前提和条件。不论人类社会发展到哪种形态，资源——主要是自然资源，始终是人类社会生存与发展不可或缺的物质基础和基本条件。但是，随着工业化和人口发展，经济增长过程中对自然资源（特别是不可再生资源如矿产、煤炭、石油等）的巨大需求和大规模的开采、消耗，已导致了资源基础削弱、退化和枯竭。已有经济增长和区域发展模式都是在不同的假设条件下研究了经济增长的动力因素（如资本和劳动投入、技术进步、制度等因素），而忽视了对自然资源的研究，尤其忽视了对自然资源约束下的经济增长方式以及经济增长的内在机制的研究，对自然资源与经济发展的关系的分析不够深入。

正是基于上述原因，本书选择《中俄资源富集区发展模式对比研究——以甘肃省和伊尔库茨克州为例》为题，力图能够研究自然资源与经济增长之间的内在机制，以弥补当前理论和实证研究中的缺陷与不足。

二、 问题的提出及案例区选择依据

（一） 问题的提出

资源是经济发展的"瓶颈"，也是一个全球性的问题。在这个问题上，只有用全球性的眼光观察和分析，才有可能获得解决问题的有效方法。中国是一个发展中国家，同时又拥有世界上最多的人口，资源对经济发展的制约尤为突出，随着经济社会的快速发展，资源需求急剧膨胀，资源型企业逐渐老化、"资源枯竭型城市"大批涌现，使得"资源枯竭"问题日益突出。进入21世纪以来，中国经济加速发展，在世界上的经济地位也不断提升，但是，经济高速发展的背后却是对矿产、能源等资源过度消耗，如果继续保持这种高消耗的发展模式，那么经济将面临非常严重的资源约束[11~13]。

另外，由于地理位置以及资源基础不同，虽然面临资源约束，但每个区域资源约束的特征又各不相同，从国内外区域经济发展的经验看，不同尺度下资源已经显示出了对经济增长的不同约束。从宏观尺度（国家层面）看，进入 21 世纪以来，在消费结构升级、国际制造业转移以及城市化进程加快等多重因素的影响下，经济高速增长对能源、矿产等资源的需求大幅上升，经济增长幅度与可持续发展能力在很大程度上取决于资源供给能力，基于这一视角，所有地区都面临着资源对经济增长的数量约束。从微观尺度（省际层面）看，资源富集区由于一直依赖当地资源禀赋带来的比较优势，产业发展大多以资源型产业为核心，产业间横向和纵向联系较少，企业多元化经营能力较差，经济增长过度依赖现有的资源禀赋，而缺乏经济社会发展的其他资源，正面临着自然资源对经济增长的结构约束；而资源贫乏地区，因经济社会快速发展对资源需求大幅上升，同时受到资源数量与结构的双重约束[11~13]。

为此，针对特定地区的资源供给特点，研究在不同尺度的资源约束下如何实现经济、社会、资源、环境协调发展，一直以来都是学界关注的重要问题之一，尤其是中国在今后 10~20 年中，经济发展所需战略性资源的外贸依存度都将超过 60%，资源安全将面临严重的挑战，如玛飞（2003）认为，到 2020 年中国的石油对外依存度将超过 55%，由此带来的石油安全问题是一个极具挑战性的重大问题。

（二）本书切入点

资源作为经济发展的重要影响因素，在经济发展过程中必定会发生变化，如果可以找出资源约束与经济发展之间的规律，那么对于特定区域不同发展阶段如何选择发展路径就变得非常容易，如甘肃省有色金属、煤等矿产资源比较富集，但水土资源相对贫乏，资源供给结构失衡，属于相对稀缺型；俄罗斯伊尔库茨克州因人口密度低，矿产和水土资源都相对比较富集，对于具有不同资源禀赋的地区，如何开发利用资源、选择何种发展模式，无疑具有重大而深远的意义。虽然随着科学技术不断进步和经济全球一体化进程加快，资源可以在不同国家和地区之间自由流动，资源已经由总量的约束转变为存量的约束，但是，当资源尤其是不可再生资源存量接近枯竭时，人们不得不开始考虑资源供给的可持续性问题，即当开发区域资源时，如何实现经济持续、健康、快速发展的途径和措施。

1. 通过对不同尺度下自然资源对经济增长约束的差异性分析，进一步揭示缓解资源约束是实现经济可持续增长的关键问题。自然资源对经济增长的数量制约与结构制约将会影响经济、生态和社会的可持续发展，影响和谐社会的构建。因此，通过判断不同尺度下自然资源对经济增长的约束类型，认识到自然资源对经济增长约束的严重性，探求自然资源约束经济增长的渠道和机制，为经济增长提供持续动力，缩小资源禀赋不同的地区差距，是全面构建和谐社会的关键。

2. 探索自然资源约束下经济增长的内在机制，为缩小区域差距提供新的切入点。中俄两国区域发展水平都呈现出了明显的差异性特征，自然资源禀赋相对丰裕的中国西部和伊尔库茨克州，经济发展水平和增长速度远不如自然资源匮乏的中国东部与俄罗斯西部地区，那么，如何在一国或多国框架内实现不同资源禀赋的合理开发与利用，加快资源跨区域流动，缩小区域差距，缓解自然资源对经济发展的制约与束缚，实现跨越式发展，是当前亟待解决的重要问题。本书采用计量模型，分析自然资源约束下经济增长的内在机制，探索自然资源与经济增长相互作用的机理，即宏观层面上，自然资源对经济增长主要是数量上的约束；微观层面上，研究自然资源是如何通过内生要素流动与外生制度安排这两种渠道制约经济增长，这将为缓解资源对区域发展的约束提供方向和途径。

3. 为资源富集区的工业化道路提供理论支撑。经济的发展离不开重化工业的发展，重型工业化是经济发展的必经阶段，而重化工业发展必将带来自然资源的过度消耗，资源约束问题不容忽视。为此，本书将两国资源富集区作为研究对象，以两国省（州）际层面的数据资料为依据，探讨自然资源与经济发展之间的关系，并对这一命题进行深入、细致的研究，揭示资源富集区经济发展落后的内在机制，并力求为新型工业化道路的发展模式提供理论支持。

（三）案例区选择的依据

中国甘肃省和俄罗斯伊尔库茨克州虽不接壤，但都属于资源富集区，其产业结构和经济发展模式相似，既面临相同的挑战和机遇等发展问题，但又各具特点，因此，对两地发展模式进行对比研究，不仅在产业结构调整和发展创新经济等方面可以相互借鉴，加强彼此在企业间的技术与资本合作，如有色冶炼、石油、化工等领域的合作与交流，更为重要的是，甘肃省工业化已进入中期化阶段，比伊尔库茨克州工业化进程快、水平高，但面临着严重的资源制约，整体经济发展需要重新转型，降低经济发展对资源的依赖，大力发展创新经济，这个过程对伊尔库茨克州工业化具有前车之鉴，其发展历程中的经验和教训对伊尔库茨克州经济发展中如何开发利用资源、实现可持续发展无疑具有非常重要的借鉴意义。

1. 面临共同的发展问题——资源经济倒逼机制。长期以来，传统经济增长理论认为，资源禀赋丰裕的国家可以凭借其比较优势大力发展资源产业来获取外汇，以弥补经济发展中资金不足之缺陷，从而实现经济增长。但是，从 20 世纪 60 年代以来的实践经验看，实际结果并非像理论上所论述的那样能够取得令人满意的效果，相反，囿于经济发展模式的限定作用，一些资源禀赋优越的区域，自觉不自觉地掉入了资源陷阱，使经济发展陷于被动。由于形成了经济发展对出口资源的过度依赖，最终选择了资源依赖型经济发展模式，在从计划经济模式向市场经济转轨的过程中，中国甘肃省和俄罗斯伊尔库茨克州经济发展模式都是资源依赖型，经济发展原料化、出口原料化和投资原料化的三化问题日益突出[14]，并且这种发展模式已经成为地区经济运行的重要支撑。

两地选择原料出口这种区域分工的角色，既有主观上的自愿，也有客观上的不得已，两种因素促成两地选择这样一种经济发展模式。首先，来自内在的因素是两地丰裕的自然资源为其发展"地租经济"提供了可能，传统的原料化出口经济发展方式在很大程度上引导和影响着两地的经济发展走向与模式，并且严重影响着两地在新形势下的角色转换。其次，外在因素主要是 20 世纪末开始，以中国、印度、巴西及东南亚国家等为代表的新兴经济体，由于经济的快速崛起，大量的资源消耗使得世界原材料市场需求旺盛，其价格也水涨船高。在这种大背景下，利用丰裕资源优势，大量出口资源能够实现经济腾飞和前期积累；但工业基础过于陈旧和落后、产品质量差价格高，在国内外市场上缺乏竞争力，最终导致制造业的落后和萎缩，从而直接刺激了原料化经济的超常发展，注定了在短期内难以改变现有的经济发展模式。

2. 面临相同的机遇——资源经济为创新经济发展实现了原始积累。资源经济的超常发展挤占了包括创新经济在内的其他行业发展的时间和空间，使其处在相对滞后的状态，但由资源经济带来的巨额收入为其他行业的快速追赶奠定了基础，产业结构调整与新兴产业等创新经济的发展所需资金都是通过资源经济的出口所获取的，如果没有充足的资金作保障，发展创新经济自然也就无从谈起。创新经济指以技术创新、人才创新、观念创新、工艺创新为特点的经济发展新形态，它是经济增长模式由数量型外延式向质量型内生式的过渡和转变，是对传统原料化经济的否定。经历了 2008 年世界经济危机的重创，使得我们更加清醒地认识到，单一的资源出口经济模式无法抵御世界性的经济波动，一旦陷入危机之中，只能坐以待毙，无法获得自救。因此，在发展资源经济的同时，不能忽略创新经济在整体经济中的作用，要逐步提升创新经济在国民经济中的比例，制定合理的创新发展目标，最终实现以创新经济发展模式替代资源经济发展模式的战略转移，只有这样才能最终实现经济社会可持续发展。

3. 相互借鉴共同创新——中俄两国向市场经济转轨至今，在其转轨实践中很多消极后果日益显现，如经济增长方式进一步粗放化、经济增长质量低度化、经济结构进一步畸形化的特点日趋明显，经济发展动力不足，前行乏力的疲态日渐明显，在这样的经济环境中，如果经济增长模式不能得到及时调整，长此以往不仅延缓经济转轨的顺利完成，同时也将使国家整体实力受到削弱，最后影响到国家经济安全。因此，目前应该把发展创新经济作为国家经济发展的重点，建立一套完整的创新体系，发挥已有的科技优势，把创新型经济发展模式最终取代资源型经济发展模式作为未来经济发展重点，尽快实现模式转换，最终实现创新型国家。近年来，两地对发展创新经济给予了足够重视，不仅出台了一系列旨在鼓励创新经济发展的政策和法规，而且逐年增加对该领域的资金投入，同时，建立了一批具有创新元素的工业园区、现代化的高技术研发和产业化中心，这些举措将大大促进创新经济朝着更快更好的方向发展。如何科学合理地选择创新战略，对解决社会经济、投资、生态等方面的问题都将起到积极作用，尤其对调整经济结构更具有重大意义。但建立创新体系、发展创新经济是个系统工程，并非一朝一夕能完成的，这是一个长期发展规划，在整个计划实施过程中立足于长期发展目标，两地应加强合作与交流，互相借鉴、取长补短，努力使外部积极因素为发展创新经济所用，尽快整合内外优质要素为创新经济的发展服务，最终实现经济社会跨越式发展。

三、研究意义

资源是区域经济发展的基础，而经济持续发展是人类社会内在的必然要求。如前所述，随着工业化的发展以及世界人口的不断增长，自然资源不再"取之不尽，用之不竭"。因此，本书通过定量和定性方法论述自然资源对区域经济发展的影响，研究资源禀赋优越的地区如何摆脱资源束缚的途径与合理开发利用资源，不仅迎合了经济学与地理学学科发展和对现实问题的探讨，而且对于区域经济协调发展和构建和谐社会也具有非常重要的意义。因此，本书的研究意义体现在以下两个方面。

（一）现实意义

由于本书的选题主要是依据不同尺度的资源约束对经济发展的不同作用，因此，本书的现实意义体现在以下三个方面。

1. 通过对不同尺度下资源对经济增长的约束研究，进一步得出缓解资源约束的有效途径。每个区域的资源特征不同、资源储量不同，在经济发展的过程中对资源需求不同，正因为这些因素的影响在区域发展中资源制约作用是有差异的，只有找出区域发展的资源制约类型和原因，才能更好地对症下药，找出缓解资源约束的途径。

2. 通过对不同尺度下资源对经济发展的约束机制研究，为缩小区域经济发展差距提供新的突破口。如何实现不同资源禀赋的区域经济快速发展，是世界各国需要解决的首要问题。在经济发展的初期阶段，制约经济发展的资金、技术等资源相对稀缺，因而早期经济发展举步维艰。在经济全球化的今天，生产要素跨国流动不断加快，对中国的西部和俄东部利用资源优势，优化配置、提高资源效率解决结构性约束的特征，实现经济可持续发展内在机制进行对比分析，有利于解决两国资源富集区的发展中所出现的问题。

3. 为资源富集区新型工业化道路提供理论依据。世界工业化发展历程表明，工业化道路必然要经过重工业化道路，之后利用重工业化过程中积累的大量资金进入工业化后期。通过两地资源对重工业布局和发展的影响的对比分析，为两国资源富集区如何选择适合的新型工业化道路提供理论依据。

（二）理论意义

1. 有利于拓展经济增长理论。传统的经济学理论认为，决定经济增长的关键要素是资本，如哈罗德—多马模型，研究投资、储蓄对经济增长的影响，得出资本积累是促进经济增长的决定性因素。随着其他学者对经济增长的不断研究，发现影响经济增长的要素有很多，如资源替代、技术进步等[15,16]。因此，从经济增长理论的演进历程来看，主流经济学一直忽视了资源对经济增长的影响，虽然也有一些学者对资源约束下经济增长的机制和作用进行了探讨，但相对于传统经济学理论，资源经济学无论是理论、方法还是实践都存在一定的不足，本书则试图通过研究不同尺度下资源供给对经济发展的影响，进而对资源富集区的经济发展提供新的研究视角。

2. 有利于丰富世界经济理论。从已有的关于世界经济问题的研究文献来看，对资源因素重视不够，尽管也有大量文献涉及资源与经济增长的研究，但更多的只是停留在政策层面。中国和俄罗斯作为世界上两个重要的经济体，其经济发展对世界具有一定的影响力，因此，通过对两国资源富集区经济发展与资源约束机制进行研究，从理论上给出在不同的经济发展阶段资源约束呈现出不同的特征以及特定的资源约束下促进地区经济发展的途径，从而丰富世界经济理论。

第二节 相关研究综述

一、相关概念释义

（一）资源

资源是指一国或一定地区内拥有的物力、财力、人力等各种物质要素的总称，分为自然资源和社会资源两大类。自然资源如阳光、空气、水、土地、森林、草原、动物、矿藏等；社会资源包括人力资源、信息资源以及经过劳动创造的各种物质财富。

1. 自然资源系统的特点。
（1）自然资源分布的不平衡性和规律性；
（2）自然资源的储量是有限的，但开发利用及转化的方式是无限的；
（3）自然资源的多功能性；
（4）自然资源的系统性等。

2. 社会资源系统的特点。
（1）社会性。人类自身的劳动、生活、生产、发展都是在一定的社会氛围中实现的。如劳动资源、资金资源、技术资源、信息资源等。
（2）继承性。社会资源的继承性主要体现在社会资源不断集聚、发展和扩充。如目前的知识时代就是人类社会知识积累到一定阶段和一定程度的产物，即"知识爆炸"，人类社会经济的发展受到这种积累的影响，发生了质的改变。由于信息革命和知识共享的影响，使得我们大致经过从传统的农业经济、工业经济到知识经济时代。也正是由于科学技术的不断发展，才使得自然资源深度开发、劳动力素质不断提高、科技知识不断升级、生产设施不断更新、经营管理水平不断提高等。
（3）主导性。社会资源主导性主要表现在：一方面，在社会资源转变为社会财富的过程中，主要是遵循社会资源的主体——人的目的、愿望、意志；另一方面，社会资源能够决定资源如何利用、如何发展。
（4）流动性。社会资源流动性的主要表现是：劳动力可以从甲地迁到乙地；而经济、资料、学术、商品都可以自由转移、自由整合，欠发达国家或地区利用社会资源的流动性，引进发达国家或地区的资金、人才、技术等，促进本地区经济发展。

3. 资源富集是指某一个国家或区域自然资源总储量或者人均储量相对比较丰富，是国民经济发展的基础条件。具体可以使用资源储量、人均资源储量来描述。资源依赖是自然资源经过开发转化的产品价值，在国民经济中占有一定的份额。具体可以使用矿产品出口占出口比重、矿产品产值占 GDP 比重等来描述。资源依赖程度较大的国家或区域称为资源富集型国家或区域。资源富集型国家或区域可以开采资源或不开采，因而资源富集可能会形成资源依赖，也可能因为保护资源而不会对经济体系产生任何影响。

（二）资源约束

资源约束主要依据约束理论，约束理论的基本理念是研究限制经济发展的资源因素，而不是全部资源要素，或者是影响经济发展的个别"瓶颈"资源。其中，约束理论强调，影响经济发展的系统中没有孤立存在的资源要素，一个系统的发展是由于自身或者外界环境的变化而变化，尽管资源要素之间相互联系、相互制约，但是，在经济发展中，对于区域经济形成制约性的资源要加大研究力度，这样才能使得经济快速发展。

1. 资源约束的概念。目前，国内外一些学者认为，资源制约经济发展，是区域在发展过程中受到有限的资源、储量不足的资源、品质不佳的资源等各种情况所影响。我们在研究中发现，如果按照约束理论所描述的情况看，任何一个区域的资源都有一定的局限性，即使区域中拥有丰富的矿产资源、廉价的劳动力等资源，在经济发展中也会出现两种极端现象：一种是区域中资源的数量丰富，而且质量优良；另一种是区域中资源匮乏。由于本书所研究的区域主要是介于两者之间，因此，我们把资源约束的概念界定如下：资源约束是指在经济社会发展过程中，由于资源的供给数量减少、质量下降、开发利用难度提高以及资源禀赋优越所引起的资源稀缺和资源不足对社会经济发展形成制约的过程和现象。主要体现在：一方面，由于自然条件的制约，资源禀赋处于劣势，即资源的结构失衡；另一方面，随着中国经济的快速增长和人口的不断增加，对各种资源的需求不断上升，加上经济粗放增长的方式尚未有效转变，特别是部分资源高消耗行业盲目投资和低水平重复建设比较严重，资源利用效率低、浪费严重，资源不足的矛盾日趋尖锐。

2. 资源结构约束和资源存量约束。目前，资源约束在经济学的范围内已经不是一个新的研究课题，在现今区域经济发展的过程中，存在大量的资源稀缺地区，同时，由于资源稀缺导致资源约束，导致资源配置不能达到最佳状态。由于区域中拥有的资源基础不同，因而经济发展方式就有所不同，但对于大多区域来说，资源约束都是以"资源结构约束"的形式存在，这种类型的资源约束主要特点是，资源在开发过程中受到技术条件的制约，无法发挥资源优势、挖掘资源的潜力，在这种状况下，对于区域的管理者来说，不是关心资源获取的速度，而是资源是否存在。也就是说，当区域经济发展所依存的资源尤其是不可再生资源面临枯竭时，资源约束就会由"资源结构约束"转变为"资源存量约束"，这时，区域经济发展就会考虑资源供给等问题。对这两种类型进行比较会发现，资源结构约束型的区域，在经济发展的过程中可以通过利用外界的资源发展经济或者是通过资金、技术等替代资源发展产业；而资源存量约束型的区域在经济发展的过程中，经济会受到严重的阻碍，短时间内无法解决资源约束对经济发展造成的伤害。

二、国外关于资源与区域经济发展的关系研究

（一）自然资源制约经济发展的定量研究

自从马尔萨斯提出自然资源、污染及其他环境要素对长期经济发展的影响至关重要，地球上的自然资源数量有限，任何试图进行永久性增加产出的路径最终都将耗尽资源，这种经济发展方法注定要失败[17]。因此，在研究经济发展过程中考虑资源、污染及环境因素就显得非常必要。国外对自然资源与经济发展关系的理论研究主要集中在如何构造分析函数和定量描述上。Romer在分析经济发展时考虑了自然资源和土地的影响，他认为，土地资源的限制引起了单位劳动力平均产出最终下降，单位劳动力平均土地资源量的日益下降成了经济发展的阻力，日益下降的单位劳动力平均产出就成为制约经济发展的"瓶颈"[18]。然而，现实情况是，经济发展还与技术进步有关，尤其是在近代历史上，技术进步的优势已经战胜了土地等资源的限制，技术进步成为经济发展最大的动力，如果技术进步所带来的经济发展大于土地资源限制所造成的约束效应，那么单位劳动力平均产出仍然可以继续增长。

此外，Nordhaus从理论上考虑了单位劳动力平均资源量不变时的经济发展水平，用水资源量受限制和不受限制条件下经济发展率的差来评估水资源给经济发展带来的制约效应，结果表明，不论科技发展到哪一种程度，水资源对经济的制约效应总是客观存在的，虽然在实际经济发展过程中，科技进步使得经济长期处于增长状态，从某种程度上掩盖了自然资源以及土地等对经济发展的影响，但是，水资源对经济发展产生的制约效应不仅存在，而且是可以度量的[19]。

（二） 自然资源约束经济发展的定性研究

1. 自然资源是经济发展的物质基础和条件。持这种观点的学者认为，只有依托生活所需的物质资料，人类才能存活，而生活资料也取决于自然资源。无论是生活资料还是生产资料，归根到底分为两类：可再生资源和不可再生资源。自然资源是稀缺的，是生产生活的前提条件，没有自然资源，区域经济发展将成为空谈。De Ferrantietal（2002）研究发现，美国正是充分利用矿产资源大力发展工业，实现了工业化。David & Wright（1997）认为，美国经济发展初期阶段，特别是 19 世纪下半段到 20 世纪上半段，集中开发矿产资源禀赋优良的区域，而且开发范围逐渐扩大[20]。

2. 自然资源影响产业布局。一个国家或地区的产业结构都是以这个国家或地区的自然资源状况为依托，如依托矿产资源、林业资源，发展采掘业和林业。人类发展的历程表明，一国的生产力越低，产业结构对自然资源的依赖性就越强。因此，不发达国家的产业布局取决于自然资源分布状况，发达国家的产业布局同样也受资源分布影响，但差别在于发达国家可以利用不发达国家的自然资源，形成跨国产业分布[21,22]。由此可见，资源分布及利用成为新产业体系得以发展的重点。

3. 自然资源利用促进技术进步。市场经济促进自然资源的开采，随着工业不断深入发展，资源利用由初级加工向深入加工转变，其中就需要技术的进步，进而改变生产、生活对资源的依赖。一方面，对于不可再生资源来说，技术进步能提高资源承载力、资源替代性，以及提高资源配置能力；另一方面，对于可再生资源来说，技术进步能提高资源潜在利用率、资源潜在储量以及生产效应等。20 世纪 80 年代，日本就加强自主创新的技术开发，通产省在《80 年代通商产业政策构想》中提出了"技术立国"的方针。荷兰乌特列支大学的 Ron Boschma 研究了鲁尔区衰退的原因以及可能的调整策略，他发现，鲁尔区的衰退与资源的开发有关，同时指出调整的策略是进行技术改造[23]。Wright（1990）主要研究 20 世纪初美国制成品的技术为什么领先这一问题，通过分析发现，美国的制成品之所以领先是因为所用的资源属于不可再生资源，在经济大萧条之前，这种不可再生资源密集型产业持续增长了半个世纪[21,24]。

（三） 可持续发展理论

可持续发展理论的形成经历了相当长的历史过程。20 世纪 50~60 年代，人们在经济增长、城市化、人口、资源等所形成的环境压力下，对增长＝发展的模式产生怀疑并展开讨论。1962 年美国女生物学家莱切尔·卡逊发表了一部引起轰动的环境科普著作《寂静的春天》，她描绘了一幅由于农药污染所造成的可怕景象，惊呼人们将会失去"春光明媚的春天"，在世界范围内引发了人类关于发展观念上的争论[25]。10 年后，两位著名美国学者巴巴拉·沃德（Barbara Ward）和雷内·杜博茨（Rene Dubos）的《只有一个地球》问世，把人类生存与环境的认识推向一个新境界[26]。同年，一个非正式的国际著名学术团体罗马俱乐部发表了有名的研究报告《增长的极限》，明确提出"持续增长"和"合理的持久的均衡发展"的概念[27]。1987 年，以挪威首相布伦特兰为主席的联合国世界与环境发展委员会发表了一份报告《我们共同的未来》，正式提出可持续发展概念，并以此为主题对人类共同关心的环境与发展问题进行了全面论述，受到世界各国政府组织和舆论的极大重视，在 1992 年联合国环境与发展大会上可持续发展要领得到与会者的共识与承认。

三、国内关于资源与区域经济发展的关系研究

（一）关于资源约束产生原因的研究

对资源约束产生的原因主要有两种观点：一是人均自然资源占有率偏低。以吕铁为代表，主要观点是，在资源总量方面，中国是资源大国，但在人均资源量方面，中国是资源贫国，尤其是对经济发展具有重要意义的战略性物资，中国的人均拥有量远远低于世界平均水平；二是产生资源约束的根源在于粗放式经济发展方式[12,28~33]。刘荣增、朱继业等认为，粗放式经济发展方式使中国 21 世纪的持续发展面临着资源与环境的双重压力，如地表水水质下降、地下水过度开采、湖泊富营养化以及耕地数量锐减和质量下降等一系列问题[34]。茅于轼则认为，资源约束产生的根源在于市场机制未发生作用，市场机制若正常发生作用，资源危机就不会出现[35]。

（二）自然资源对区域产业布局影响的研究

陈才指出，影响区域产业结构的因素是多方面的，自然资源对其影响是非常重要的，往往成为区域产业结构形成与发展的物质基础，特别是在区域开发的初期，自然资源是影响区域产业形成与产业结构的决定性因素。一方面，自然资源特别是工业自然资源富集、自然资源组合良好的区域，区域产业结构是以自然资源可开发利用为基础形成的，随着区域自然资源的不断开发和经济发展水平的不断提高，自然资源对区域产业结构演变、升级的影响与制约作用也逐步加强；另一方面，在自然资源特别是矿产资源、能源资源贫乏的区域，产业结构的形成与

发展往往更多地依赖区位、交通、科技、信息和市场等条件[22]。总之，自然资源对区域产业发展的影响作用是不可忽视的。

（三）关于资源约束对经济社会发展影响的研究

有关资源约束对经济社会发展的影响主要有以下三种观点：一是经济发展步入高消耗和低效率的粗放增长模式带来的资源约束，很可能导致经济发展速度的大幅滑落，使经济发展出现较长时间的衰退，代表人物为王大用（2005）[36~40]。而周天勇（2005）并不赞同王大用等人对现阶段经济发展模式是高消耗和低效率的粗放增长模式的判断，他认为可以以较少的资源消耗来实现经济发展目标[41]。二是高岚、吴红梅（2005）认为，资源供应的紧张引起了资源价格的大幅上涨[42]；金碚（2005）认为，中国对资源产品的需求引起了世界的高度关注，许多矿产品的价格连创历史最高纪录，中国经济的飞速增长致使需求量猛增被认为是造成这种局面的首要原因[43]。而苏统、朱曹健（2005）认为，中国国民经济保持良好发展态势，对能源需求量进一步加大，能源消费量继续大幅增长，但是，能源总体上仍然供不应求，能源价格大幅上涨，成为经济发展的"瓶颈"。三是朱锦昌、严于龙等（2005）通过对相关资源的外贸依存度进行测算后认为，中国在今后 10~20 年中经济发展所需的战略性资源的外贸依存度都将超过 60%，经济安全将会面临挑战；石油对外依存度将超过 55%，由此带来的石油安全问题是一个极具挑战性的重大问题[44]。

四、已有的研究不足

通过上述分析，我们看到，在工业化进程中，不可避免地大量消耗资源，自然资源在经济增长中的作用十分突出，对自然资源与经济增长问题的研究有待不断深入，尤其是资源枯竭或即将枯竭的地区，如何实现产业结构的转型、经济社会发展的转变，事关工业化进程与经济社会持续发展，必将需要长期关注。但目前理论界对自然资源与经济增长的关系却存在两种截然不同的观点，乐观主义认为，自然资源将会促进经济增长和技术进步等；而悲观主义者则认为，自然资源禀赋越大，对非贸易商品的需求量就越高，因而分配到制造业的劳动力和资本的量也就越少，将导致产业结构畸形化，制造业的增速下降，经济增长率也随之下降，即资源越富裕经济增长反而越慢，这就是所谓的"资源诅咒"。最新的研究试图通过制度质量的探讨来研究资源对经济增长约束的传导机制，因为世界上还是有一些资源与经济同样非常丰富的发达国家，例如美国、澳大利亚、加拿大、挪威等，以及一些资源非常丰富的发展中国家，例如马来西亚、博茨瓦纳等，成功地维持了长期的高水平经济增长，但对于这种现象的研究至今尚无定论[16~47]。

到目前为止，国内外大部分学者一致认为，如果自然资源利用不当，就会约束经济增长，成为增长的负担[16~47]。但从已有的研究文献看，在自然资源是促进了经济发展还是在某种程度上制约了经济的快速健康发展，大多数学者只是基于直观的判断，而缺乏必需的经验证明，即使有些学者能从不同国家省际层面给出一些证据，但是，由于其所采用的模型单一，所以得出的结论也只是从某一方面给出了证据；而且已有的研究文献大多关注自然资源制约经济增长的结果，而忽视了探讨充裕的自然资源是通过什么样的传导路径来遏制经济增长。此外，大量文献中大多将研究样本聚焦于国家，尚未发现专门研究不同国家内部特定地区的经济发展水平与自然资源的关系，以及是否存在着丰裕的自然资源对经济增长的制约。

第三节 研究内容与研究方案

一、研究目标

（一）探索自然资源约束经济增长的内在机制

在定量分析的基础之上，研究自然资源约束经济增长的成因，从影响经济增长的内生和外生变量入手，分析资源约束经济增长的途径与机制，即自然资源通过"挤出效应"影响地区经济增长，一方面自然资源通过资本要素和劳动要素的转移效应影响内生要素的流动；另一方面通过影响外生制度安排，促使大部分资源富集区采掘业部门急剧膨胀，而传统制造部门和新兴产业萎缩，在一定程度上"挤出"了制造业、服务业和其他新兴产业的发展，使经济增长曲线落入"陷阱"。

（二）寻求不同资源约束条件下区域经济发展的模式选择

根据资源供给的不同尺度、不同的资源禀赋和区位条件采取不同的路径，以知识创新与技术创新为内涵，对国内外的新经验进行总结归纳，通过对比寻求不同资源供给尺度下资源富集区如何利用技术创新，探索通过中心城市联合带动跨国区域经济合作的路径及发展模式的选择，解决资源对经济发展的制约问题。

二、研究内容

（一）揭示自然资源在社会经济中的作用与地位

以自然资源分类为出发点，提出自然资源定量划分公式，从有利与不利两个方面，论述自然资源在经济发展中的地位与作用；从自然资源丰裕程度与生产力两个基本要素（劳动和资本）的结合和作用角度，论述其对经济发展的制约和影响。

（二）自然资源对经济增长的约束

明确并拓展了自然资源约束的内涵和外延，在此基础上给出了自然资源约束的定义，划分了自然资源对经济增长的约束类型、表现和作用的方式，基于新古典经济增长模型和 Romer 的经济增长模型，引入自然资源这一重要的经济增长要素，分析自然资源对经济增长的阻碍力和约束力[47]，并通过 Romer 模型的仿真数值模拟，更加定量和直观地指出了自然资源对经济增长的约束及不同供给尺度下经济增长的路径。

（三）探索自然资源约束经济增长的内在机制

通过对两地资源储量、产量和消费变化的对比分析，以及资源与经济增长的变动趋势分析，可以看出资源供给短缺引发资源对经济增长的数量和结构约束；资源富集区正在受到资源过剩引发的对经济增长的质量约束，出现资源对经济增长的"诅咒"；从计量经济学的角度，应用协整理论和方法，根据经济增长数据和资源储量数据，通过定量分析资源约束经济增长的成因，即自然资源通过"挤出效应"影响地区经济增长，即一方面自然资源通过资本要素的转移效应和劳动要素的转移效应影响内生要素的流动，另一方面通过影响外生制度安排促使大部分资源丰富省区采掘业部门急剧膨胀，而传统制造部门和新兴产业萎缩，影响经济增长内在机制。

（四）资源约束下资源富集区经济发展的路径选择与对策

不同区域在经济发展的不同阶段所受资源制约程度不同，对资源结构不同的地区经济发展进行研究，主要对甘肃省与伊尔库茨克州的资源约束现状和资源结构进行分析对比，对资源存量和流量约束、数量和结构约束、总量和质量约束进行对比研究，对不同资源供给尺度下的产业和技术创新战略与措施以及区域发展路径和模式进行探索。

三、拟解决的关键问题

1. 探索自然资源约束经济增长的内在机制。
2. 寻求不同资源约束条件下区域发展的路径及模式选择。

第四节　研究思路与框架结构

一、研究思路

　　本书的研究思路是基于中俄两国资源富集区发展所表现出来的产业结构畸形化和经济发展水平落后为出发点，在古典经济增长理论、资源经济学以及新经济增长理论基础上，特别突出了自然资源禀赋与经济增长的互相作用，指出了现有理论和实证研究的不足之处。以此为切入点，首先，通过描述自然资源在经济发展中的地位和作用，指出了自然资源丰裕程度对经济增长的影响；其次，通过明确自然资源约束的内涵、外延、表现方式和类型，给出了自然资源无限供给、有限供给、级差供给条件下的经济增长路径以及经济增长过程中的自然资源约束模型，以两国省（州）际层面的数据资料为依据，对当前不同尺度下自然资源约束程度与经济增长进行了对比分析，试图揭示"资源诅咒"是由于自然资源禀赋通过内生的要素流动、外生的制度安排及由于科技能力下降产生的空洞效应等三种渠道制约了区域经济增长，丰裕的自然资源所引致的制造业衰退和不合理或缺乏监督的资源产权制度是其中的关键，所以弱化自然资源约束的关键是必须改变内生要素流动和外生制度安排；而市场经济绩效、区位条件以及社会基础的差异等又是造成资源富集地区经济发展落后的主要原因。因此，应该以产权制度创新、经济转型创新、科技创新以及资源开发利益分配创新为核心，制定适合自然资源管理的政策，合理开发和利用资源，以此弱化自然资源对经济发展的制约，实现经济社会的可持续发展。

二、研究的技术路线

（一）资料和数据收集

1. 内业工作。充分利用中国科学院地理科学与资源研究所资源与环境地理信息系统国家重点实验室、中国科学院资源与环境信息数据库的已有遥感信息资料和技术手段；收集、整理、分析国内外已有甘肃省与伊尔库茨克州的资源、经济、社会、生态环境等有关图文资料及相关成果。

2. 外业工作。在充分分析已有文献和数据的基础上，进行甘肃省和伊尔库茨克州实地调研，构建长时间序列的社会、经济、资源与生态环境数据库。

（二）构建不同资源约束条件下经济发展模型

在对甘肃省和伊尔库茨克州进行实地调研、文献综述和专家咨询的基础上，应用文献统计法、协整分析、因素分析、非线性多元回归、滞后因素检验，GIS空间分析技术，深入研究不同尺度资源约束下两地经济社会发展时空变化特征，综合分析资源约束与经济发展互动作用的驱动因素和内在机制，在此基础上构建区域经济发展模型，具体如图 1-1 所示。

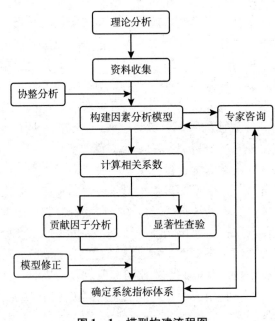

图 1-1　模型构建流程图

（三）总的技术路线

本书在详细论述国内外研究现状后，对资源约束下经济增长的理论进行系统的归纳和整理，并对中俄两国资源富集区不同资源供给进行对比，分析不同尺度下资源制约经济增长的空间演化机理，在此基础上，将计量模型应用于区域发展演化过程，对经济增长演化过程中各个因素的影响进行详细分析，最后对资源存量约束和流量约束下地区发展路径与发展模式进行研究，对不同资源供给尺度下的产业和技术创新、区域经济发展战略与措施进行探索。总的技术路线如图 1 - 2 所示。

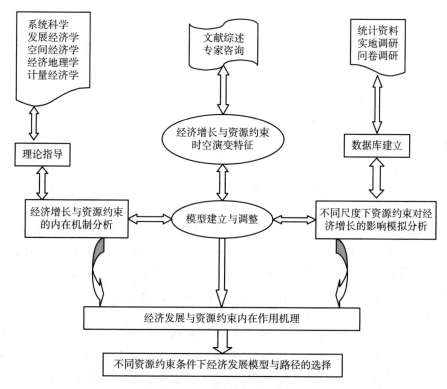

图 1 - 2　本书研究技术路线图

三、研究方法、创新与不足之处

（一）研究方法

本书采用了规范分析和实证分析相结合的研究方法。由于本书研究的对象是资源禀赋与区域发展问题，涉及发展经济学、经济增长、区域经济学、自然资源学、经济地理学、制度经济学等多门学科的内容，所以笔者除了综合运用这些学科研究的一般方法以外，重点采用了归纳法、定量分析法和比较分析法，从动态可持续利用的角度对自然资源进行了定量的类别划分，既对比分析了资源结构约束下的经济发展路径，也对比分析了资源存量约束下的经济发展路径；既从国外的角度分析，也从国内的角度探讨。从比较中揭示出在区域发展过程中资源结构和存量约束对经济发展的不利影响以及如何解决资源约束经济发展这一现实问题。

（二）可能创新之处

1. 研究视角的创新。本书将静态分析与动态分析相结合，通过这两个角度来揭示资源与经济发展之间的关系。由于研究自然资源与经济发展关系的命题涉及多学科的内容，所以在分析中运用了多学科的研究方法，将归纳法、系统分析法、比较分析法、定量分析法等方法进行融合，通过多种方法的融合使用，从资源约束的角度分析资源与经济发展之间的关系，即资源存量和结构约束区域发展的内在机制。虽然经济学理论中有关于资源对区域发展作用的研究，但这些研究主要还是从资本、劳动、技术、制度等资源利用角度揭示经济发展过程。因此，本书针对资源本身存在的结构和数量约束，分析不同国家、不同地区经济发展差距，全方位展示不同尺度资源约束下的经济发展路径和发展模式，既研究经济发展水平相对较高的甘肃省资源约束程度，也研究经济发展水平相对落后但资源富集的伊尔库茨克州的资源约束程度。这些都为科学地判断不同尺度下资源约束与经济增长的关系提供了依据，为省际层面资源约束下经济增长的内在机制研究提供了有效的分析工具。同时，找出缓解资源约束、促进区域发展的突破口，为缩小区域之间的差距提供理论依据。

2. 时间与空间的结合。区域问题的研究本身会涉及空间概念，本书在研究中既考虑空间概念也考虑时间概念，将空间和时间进行充分的结合。通过时间和空间的有机结合，揭示出了不同区域在不同时段对自然资源的依赖程度，分析不同资源禀赋在工业化发展过程中，自然资源通过影响要素转移和弱化制度安排等一系列途径，尤其是资源高度集中配置而市场效应较弱的情况下，自然资源约束经济增长的内在机制。

3. 发展模式创新。通过不同尺度下资源供给与经济增长的比较分析，研究市场经济绩效差异、区位条件差异以及社会基础差异是否是造成资源禀赋优越地区经济发展落后的主要原因。要破解资源对经济增长的数量约束和结构约束，必须从制度、经济转型、技术创新和利益分配入手，通过建立市场化的自然资源公共产权规制、实现自然资源使用权和经营权的市场化以及建立公私产权对接的自然资源产权混合市场，可以弥补资源富集区现存自然资源产权制度的缺陷；通过产业序动升级模式和多元叠合发展模式，重构资源禀赋优越地区的发展模式，在区域竞争优势、产业结构代谢机制和企业转型蜕变模式的带动下，有利于实现资源型经济的转型，促使资源依赖地区改变以往的经济增长模式，增强区域的经济竞争力。

四、不足之处

（一）如何将制度等定性指标定量化

尽管本书中将资源约束看做影响区域发展的主要变量，不难发现，本书仅将研究重点放在了资源对经济发展的影响上，还未全面考虑制度、市场等要素共同作用时区域发展路径的演变历程。这主要是源于该问题本身所具有的难度和作者掌握的分析方法的有限性，如何将资源对经济发展的约束以及技术进步、制度等要素对经济发展的促进作用纳入同一分析框架中，也是下一步有待重点解决的问题之一。

（二）如何破解资源约束下两国经济发展的对策顺利实施

虽然意识到要破解资源对经济发展的结构和数量约束，必须从内部与外部资源配置入手，也给出集约型增长代替粗放型增长、循环经济模式取代传统经济模式、绿色投资取代传统投资、积极利用国际资源市场、转变消费观念的政策措施，但如何保证这些对策的实施，仍是笔者后续研究工作的重点。

第二章 区域发展理论与发展模式综述

第一节 区位理论综述

西方区域发展理论的形成尽管可以追溯到早期的区位理论，如韦伯（Weber，A.）的工业区位论、杜能（Thanen，J. H. Von）的农业区位论，以及克里斯托勒（Christaller，W.）和廖什（Losch，A.）的中心地理论等，但由于传统的区位理论是从经济人的角度去分析经济活动的空间分布，因而具有静态与均衡的特征，与动态非均衡的区域发展问题缺乏必然的联系。一般认为，系统的区域发展理论始于第二次世界大战以后。由于战后各国致力于重建国民经济，区域发展理论才得到较大的发展。不过，由于区域发展问题较为复杂，涉及经济学、地理学、社会学、规划学等众多学科，加上第二次世界大战后经济发展思潮的不断演化，因此，区域发展理论也就形成了众多不同的流派。比较有影响的有：以西方国家区域发展历史经验为基础所形成的历史经验学派；强调工业化与城市化为核心的现代化学派；强调乡村地区发展与空间均衡为核心的乡村学派等。自 20 世纪 80 年代以来，众多主流经济学家开始涉足区域经济研究领域，形成了独特的主流经济学派区域发展理论[48,49]。

一、区位理论

（一）区位的概念

区位是指人类行为活动的空间。具体而言，区位除了解释为地球上某一事物的空间几何位置，还强调自然界的各种地理要素以及人类经济社会活动之间的相互联系和相互作用在空间位置上的反映。区位就是自然地理区位、经济地理区位和交通地理区位在空间地域上有机结合的具体表现。

（二）农业区位理论

农业区位理论的创始人是德国经济学家冯·杜能，他于 1826 年完成了农业区位论专著——《孤立国对农业和国民经济之关系》（简称《孤立国》）。其核心理论是认为，市场上农产品的销售价格决定农业经营的产品和经营方式；农产品的销售成本为生产成本和运输成本之和；而运输费用又决定着农产品的总生产成本。因此，某个经营者是否能在单位面积土地上获得最大利润（P），将由农业生产成本（E）、农产品的市场价格（V）和把农产品从产地运到市场的费用（T）三个因素所决定，它们之间的变化关系可用公式表示为：

$$P = V - (E + T)$$

按照杜能理论的假设前提进一步分析，"孤立国"中的唯一城市是全国各地商品农产品的唯一销售市场，故农产品的市场价格都要由这个城市市场来决定。因此，在一定时期内"孤立国"各种农产品的市场价格应是固定的，即 V 是个常数。杜能还假定，"孤立国"各地发展农业生产的条件完全相同，所以各地生产同一农产品的成本也是固定的，即 E 也是个常数。因此，V 与 E 之差也是常数，故上式可改写成：

$$P + T = V - E = K$$

其中，K 表示常数，也就是说，利润加运费等于一个常数。其意义是，只有把运费支出压缩为最小，才能将利润增至最大。因此，杜能农业区位论所要解决的主要问题归为一点，就是如何通过合理布局使农业生产节约运费，从而最大限度地增加利润。根据区位经济分析和区位地租理论，杜能在其《孤立国》一书中提出六种耕作制度，每种耕作制度构成一个区域，而每个区域都以城市为中心，围绕城市呈同心圆状分布，这就是著名的"杜能圈"。

第一圈为自由农作区，是距市场最近的一圈，主要生产易腐难运的农产品。

第二圈为林业区，主要生产木材，以解决城市居民所需薪材以及提供建筑和家具所需的木材。

第三圈是谷物轮作区，主要生产粮食。

第四圈是草田轮作区，提供的农产品主要为谷物与畜产品。

第五圈为三圃农作制区，即本圈内 1/3 土地用来种黑麦，1/3 种燕麦，其余 1/3 休闲。

第六圈为放牧区，或叫畜牧业区。

杜能得出的农业空间地域模型过于理论化，与实际不太相符，为了使其区位图式更加符合实际条件，他在《孤立国》第一卷第二部分中将他的假设前提加以修正，杜能根据市场价的变化和可通航河流的存在对"孤立国"农业区位模式产生的巨大影响，对"杜能圈"进行修正。他假设当有一条通航河流可达中心城市时，若水运的费用只及马车运费的1/10，于是一个距城100英里且位于河流边上的农场，与一个同城市相距10英里远位于公路边上的农场是等同的，这时农作物轮作制将沿着河流两岸延伸至边界。杜能还考虑了在"孤立国"范围出现其他小城市的可能，这样大小城市就会在产品供应等方面展开市场竞争，结果根据实力和需要形成各自的市场范围，大城市人口多，需求量大，不仅市场范围大，市场价格和地租也高；相反，小城市则市场价格低，地租也低，市场波及范围也小[48]。

（三）工业区位理论

工业区位理论的奠基人是德国经济学家阿尔申尔德·韦伯。其理论的核心就是通过对运输、劳力及集聚因素相互作用进行分析和计算，找出工业产品的生产成本最低点，作为配置工业企业的理想区位。以运输成本定向的工业区位分析，假定没有其他因素影响，仅就运输与工业区位之间的关系而言。韦伯认为，工厂企业自然应选择在原料和成品两者的总运费为最小的地方，因此，运费的大小主要取决于运输距离和货物重量，即运费是运输物的重量和距离的函数，也即运费与运输吨公里成正比关系。在货物重量方面，韦伯认为，货物的绝对重量和相对重量（原料重量与成本重量间的比例）对运费的影响是不同的，后者比前者更为重要。为此，他对工业用原料进行分类：一是遍布性原料，指到处都有的原料，此类原料对工业区位影响不大；二是限地性原料，也称地方性原料，指只分布在某些固定地点的原料。它对工业区位模式产生重大影响。根据以上分类，韦伯提出原料指数的概念，以此来论证运输费用对工业区位的影响。所谓原料指数，是指需要运输的限地性原料总重量和制成品总重量之比，即：原料指数＝限地性原料总重量/制成品总重量。按此公式推算，可得到工业生产过程中使用不同种类原料的原料指数。一般使用遍布性原料的指数为0，纯原料的指数为1，失重性原料的指数大于1，限地性原料加遍布性原料，其指数都可能大于1。由此可知，限地性原料的失重程度越大，原料指数也越大；遍布性原料的参用程度越大，原料指数则越小。而原料指数的不同将导致工业区位的趋向不同。因此，在原料指数不同的情况下，只有在原料、燃料与市场间找到最小运费点，才能找到工业的理想区位。韦伯还从运输成本的关系论述了工业区位模式之后，对影响工业区位的第二项因素——劳工成本进行了分析，他认为，劳工成本是导致以运输成本确定的工业区位模式产生第一次变形的因素，当劳工成本（工资）在特定区位对工厂配置有利时，可能使一个工厂离开或者放弃运输成本最小的区位，而移向廉价劳动力（工资较低）的地区选址建厂。其前提是，在工资率固定、劳动力供给充分的条件之下，工厂从旧址迁往新址，所需原料和制成品的追加运费小于节省的劳动力费用。在具体选择工厂区位时，韦伯使用了单位原料或单位产品等运费点的连线即等费用线的方法加以分析。同时，还考虑了劳工成本指数（即每单位产品的平均工资成本）与所需运输的（原料和成品）总重量的比值即劳工系数的影响[49]。

二、历史经验学派区域发展理论

历史经验学派区域发展理论大多根据欧美等发达国家区域发展的历史进程而总结出来的，其代表性理论有部门理论（sector theory）、输出基础理论（export-base theory）、区域发展的倒"U"形假说（inverted "U" hypothesis）等。

（一）部门理论

部门理论所揭示的是在技术变化条件下区域结构变化的一般规律，即区域不同产业部门的转换规律。该理论是根据大多数欧洲国家区域发展的历史进程而总结出来的，对其系统地阐述反映在美国区域经济学家埃德加·胡佛（Hoover, Edgar M）与约瑟夫·费雪（Fisher, Joseph L）所发表的题为《区域经济增长研究》（1949）论文中。部门理论认为，任何区域的发展都存在着"标准阶段次序"，这种标准阶段次序可以表述为下列五个过程：（1）在大多数区域经济发展过程中，第一阶段往往是自给自足型的经济。在这一阶段，当地居民几乎完全与生活必需品的供给联系在一起，基本没有贸易上的投资，人口是按照维持自给自足经济所必需的资源基础而分布的。（2）随着交通运输的日益发展，贸易往来和地区专业化生产也在区域中发展起来，第二阶层的人口开始出现，他们进行着简单的手工业生产，为当地农民服务。由于乡村手工业生产所需要的原材料、市场和劳动力全部是由农业人口提供的，所以手工业分布与基本阶层农业人口分布直接相关。（3）随着区际贸易的日益发展，区域也开始趋向于从原来粗放的畜牧业转向发展系列农作物产品，如种植水果、生产日用农产品和发展蔬菜农场等。（4）随着人口的增长及农业生产和采掘业生产效益的下降，区域被迫开始实施工业化。区域工业化的早期阶段立足于建立在农林产品的基础之上，主要发展食品加工、木材产品加工和纤维纺织业等。工业化的后一个阶段则出现了诸如冶炼业、金属材料加工、化学工业、建材工业等。到这一时期，廉价的水力发电也开始出现了。（5）在区域经济发展的最后一个阶段，区域实现了为出口服务的第三次产业专业化生产。这时，区域开始输出资本、熟练技术人员和为不发达地区提供专业化服务[50,51]。

据此，在部门理论看来，任何区域的发展都必须经历两个相辅相成的成长过程。一方面，区域经济必须经历由自给自足的封闭型经济向开放型商品经济转换的历史过程。在这一转变过程中，运输成本下降起着关键性作用，因为只有运输成本降低才使得区际贸易成为可能。另一方面，区域经济必然要相应地完成由第一产业向第二产业到第三产业的过渡。而其中最为关键的一步则是区域工业化战略的实施。部门理论由于是根据大多数欧洲国家区域经济发展的历史进程总结出来的，符合大多数区域经济发展的历史过程和客观规律，但该理论的弱点也是很明显的，因为并非什么地区经济发展都必须经历这样的"标准阶段次序"。

（二）输出基础理论

输出基础（export base）概念最先由城市规划者们所采用，他们用该概念来预测城市经济的短期变化趋势。该概念后来被著名经济史学家道格拉斯·诺思（North，Douglass，1993 年度诺贝尔经济学奖得主）在其论文《区位理论与区域经济增长》（1955）中用来预测区域经济的长期变化趋势，从而形成了区域经济发展的输出基础理论。在输出基础理论中，经济被划分为两个部门，即一个输出基础部门（包括所有的区域外部需求导向的产业活动）和一个自给性部门（包括所有的区域内部需求导向的产业活动）。通常假定自给性部门不具备自发增长的能力，输出基础部门则随着外部需求的扩大而扩张，当它为地方经济带来额外收入时，其他部门也会随之相应扩张。区域总收入（或总就业）水平的变化可以通过"输出"需求的变化来测定，即通过输出基础部门的扩张与由地方乘数所决定的总体经济扩张之间的比例关系来进行测定。诺思根据对太平洋西北岸的实证研究分析得出结论：区外对木材、毛皮、面粉、小麦等产品需求的扩大，不仅会影响那里的绝对收入水平，而且也会影响诸如辅助性产业的特征、人口的分布、城市化模式、劳动力特征以及收入与就业波动范围等。他进一步指出，区域输出需求的增加能对区域经济产生乘数效应，这不仅会导致输出产业投资的增长，也会导致对其他经济活动的投资增长。因此，按照诺思的观点，一个区域要求得发展，关键是能否在该区域建立起输出基础产业，而此产业又取决于它在生产和销售成本等方面对其他区域所拥有的比较优势[52]。

输出基础理论由于其简明实用并具有可操作性而受到了区域经济研究者的广泛关注，一方面，它被用来分析区域发展的成因或预测区域发展的趋势；另一方面，它又被一些区域学者加以推广，以形成更为综合和实用的区域发展理论。

（三）区域发展的倒"U"形假说

区域经济发展不平衡问题一直困扰着许多国家的区域经济发展进程。对区域经济不平衡发展趋势较早进行实证研究的首推美国经济学家杰弗里·威廉逊（Williamson，Jeffrey G），他把区域普通人均收入作为指示器，将权变系数作为度量区域收入差异的工具，通过对 24 个发展程度不同的国家区域不平等格局的经验考察得出了惊人的结果。当这些国家按其发展水平进行"排列"时，人们可以发现，区域不平等格局呈现为倒"U"形形状。其中，像巴西、哥伦比亚、菲律宾与波多黎各等中等收入国家和地区到达了倒"U"形的顶端。威廉逊又将横断面分析法扩充到对单个国家区域收入差异变化趋势的分析上，并从 24 个国家中的 16 个取得其所需的数据。其结果是，这种趋势分析进一步证实了所假想的格局：人们预料富国各区域之间会逐步趋同，事实上，它们也正在走向这个阶段，而不是趋向于区域收入差距的扩大；而穷国正相反，它们以区域收入差距的不断扩大为特征，最后得出：在发展初期，区域间以收入差距扩大和"南北"二元性增强为特征；在国家成长和发展较为成熟阶段，则以区际趋同和"南北"问题消失为特征（Williamson，J. G.，1965）。这一结论在 20 世纪 60 年代后期和 70 年代前期被区域发展理论家所接受，并把它看成发展中国家将会出现的或应该通过政策干预使之出现的模式[52~55]。

（四）现代化学派区域发展理论

20 世纪 50 年代中期至 60 年代末期，受发展经济学中结构主义思潮的影响，区域发展理论也表现为以城市化和工业化为核心。其中，最有影响的区域发展理论有"增长极理论"（growth pole theory）及其变体"核心—外围理论"（core-periphery theory）。

1. 增长极理论。增长极理论最早是由法国经济学家弗朗索瓦·佩鲁（Perroux，Francois）于 20 世纪 50 年代最先提出的。他在著名论文《略论增长极概念》（1955）中写道："增长并非同时出现在所有的地方，它以不同的强度首先出现于一些点或增长极上，然后通过不同的渠道向外扩散，并对整个经济产生不同的终极影响。"值得注意的是，佩鲁的原始增长极概念的出发点是抽象的经济空间而非普通的地理空间。佩鲁将经济空间定义为："存在于经济元素之间的经济关系。"经济空间可以分为三种主要类型：作为计划内容的经济空间；受力场的经济空间；匀质整体的经济空间。其中作为受力场的经济空间与增长极概念关系最为密切，它"由若干中心（或极、焦点）所组成，各种离心力或向心力分别指向或发自这些中心。每一个中心的吸引力和排斥力都拥有一定的场，并与其他中心的场相互交汇"（Perroux，1950）。佩鲁正是从这种受力场的中心确定了他的增长极：增长在这里出现并扩展到经济的其他部分中去。事实上，佩鲁的增长极理论是建立在熊彼特（1949）关于创新与大规模厂商作用的理论基础之上。

像熊彼特一样，佩鲁也认为，企业家创新是经济进步中最主要的因素，最具创新性的活动发生于大经济单元中，它们能支配其环境，即通过其规模，谈判能力及运营性质等而对其他经济单元产生不可逆或部分不可逆影响。此外，产业间的相互关联和相互依存理论在佩鲁的增长极理论中也起着主要的作用，它与熊彼特的发展是由创新所产生的思想一起，构成了佩鲁增长极理论的两大基石[54]。

由于佩鲁增长极理论的出发点是抽象的经济空间，因而所关心的主要是增长极的结构特点，即产业或企业的兴起、发展以至消退，对于增长的空间特征却重视不够。针对佩鲁增长极理论的这一缺陷，许多学者为把佩鲁的增长极概念转换到地理空间做出了努力。在这些尝试中，首推法国另一位经济学家雅克·布德维尔（Boudeville，J）所做出的贡献，他与佩鲁不带地理色彩的抽象经济空间概念相反，强调经济空间的区域特征，认为"经济空间是经济变量在地理空间之中或之上的运用"，并通过空间概念的转换，把增长极概念同城镇联系起来。据此，布德维尔认为："区域增长极是配置在城市的一组扩张性产业，能通过其影响范围而引导经济活动的进一步发展"[45]，可以对区域经济产生两种类型的增长效应：（1）"里昂惕夫乘数效应"，主要通过经济中所存在的产业或企业之间的相互依存关系而发生；（2）"极化效应"，即推进型产业或企业的建立或产出的增加会导致原区域中未曾配置的其他产业活动的出现[55]。据此，增长极战略的实施可以分为两个相关的组成部分：怎样保障区域中的推进型产业地方化；怎样保障配置推进型产业的地方不至于变成"飞地"。因此，如果在极化区域的节点或城市中心所配置的是推进型产业或企业，而且这些产业或企业所诱导的增长又包含在区域腹地之中，那么区域经济就可以通过推进型产业的扩张而增长。然而，布德维尔的分析也存在着很大的局限性，就是推进型产业很难具有地方效用，其影响所及的地方往往在数百甚至上千里之外。

针对佩鲁、布德维尔等人在分析增长极机理上的缺陷，英美一些学者则完全转而强调城市等地理单元在区域发展中的作用。事实上，发展经济学家艾伯特·赫希曼（Hirschman，Albert O）就在其代表作《经济发展战略》（1958）中谈道："经济进步并不同时在每一处出现，而一旦出现，巨大的动力将会使得经济增长围绕最初出发点集中。"对于任何具有较高收入水平的经济来说，它"必定而且将会在一个或几个区域实力中心首先发展；而在发展过程中，增长点或增长极出现的必要性意味着增长在国际间与区际间的不平等是增长本身不可避免的伴生物和条件"。这里所说的"增长极"或"增长点"基本上指的是极化空间或极化区域中的节点，即城市等地理单元。赫希曼还进一步分析了城市中心与周围腹地之间的相互关系。他认为，中心对腹地具有一系列直接的经济影响，有利的影响称为"涓滴效应"（trickling-down effect），不利的影响称为"极化效应"

（polarized effect）。涓滴效应主要是通过中心对腹地的购买力或投资的增加而发生，或通过吸收腹地的隐蔽性失业人员而实现。引起极化效应的原因，部分是由于中心效率高的生产者可以通过竞争来使腹地的经济萎缩；部分是由于选择性移民掠走了腹地的关键技术人员、管理者以及更具有企业家精神的青年人。赫希曼认为，从长期来看，地理上的涓滴效应将足以缩小中心与腹地之间的差距。因为一旦企业的增长在国家领土的一部分生根，它显然会产生一种力量来影响国家领土的其他部分。这种趋势的不可避免性部分地是由于增长中的"极"会产生聚集不经济，从而促使工业的分散。而且，国家作为一只新型的"看不见的手"具有一种均衡机制，当极化效应超过涓滴效应而暂时占据优势时，周密的经济政策将试图纠正这种情况[54~56]。

2. 核心—外围理论。赫希曼的不平衡发展理论其实也可以归为"核心—外围理论"之列。不过，对核心—外围理论的系统阐述，首推美国城市与区域规划学者约翰·弗里德曼（Friedmann John）。他最早在其代表性著作《区域发展政策》（1966）中提出了核心—外围理论的基本思想，并在代表性论文《极化发展的一般理论》（1972）中对其作了进一步的发展。弗里德曼指出，发展是经由一个断断续续而又累积的创新过程发生，并通过一系列体制改革而展现出一个社会的创造性潜力。发展来源于相对很少几个"变革中心"，这几个中心位于某个信息场内具有最高潜在相互作用的点上。创新经由这几个中心扩散到具有低一些潜在相互作用的地区。"核心区"是主要创新变革中心，其余所有地区都构成"外围区"，它们依赖核心区，其发展取决于核心区的制度。核心区往往是通过支配效应、信息效应、心理效应、现代化效应、联动效应和生产效应等六种主要反馈效应而巩固其对外围区的支配地位。空间系统是在核心能左右其他各地区所有人的重大决策时存在的，核心区位于一种从省级到世界的多层级空间系统内，外围区既由于行政管理组织又由于供给和市场联系而依赖于核心区。创新从核心区到外围区的扩散，会使得核心区的增长促进相关空间系统的发展。然而，当核心区与外围区之间紧张关系加剧并最终阻滞核心区的发展时，只有加速核心区的扩展效应并削减外围区对核心区的依赖才能得以缓和[57,58]。

总之，弗里德曼的理论涉及所有的空间，尤其是把文化和政治过程纳入经济发展过程之中，并把各具体地区的变量看成一个更大系统的组成部分，而不是一种孤立的现象。

3. 乡村学派区域发展理论。20世纪70年代以来，随着发展中国家的经济发展由加速经济增长型战略向满足基本需求型战略的转变，以实现公平、消除贫困、增加就业为目标的发展战略取代了以实现国民生产总值最大增长为导向的发展战略，反映在空间背景上，以乡村地区发展为内容、空间均衡发展为核心的区域发展理论更是取代了以城市化为中心、空间不平衡发展为内容的传统区域发展理论，从而在区域发展理论史上形成了独具特色的"乡村学派"区域发展理论。比较有代表性的观点是地域式发展理论（territory development theory）等。美国学者弗里德曼与韦弗（Friedmann，J and Weaver，C）则对"功能式"（function）与"地域式"（territory）区域发展模式作了进一步的详细论证，在其著作《地域与功能》（1979）中指出，区域发展规划有两种基本方法：功能式方法与地域式方法。功能式方法是同具有结点与网络的城市系统的经济活动分布和空间组织形式相联系的。这种方法强调效率，把发展等同于经济增长，强调城市中心在区域发展中的作用以及资本密集型产业的发展，强调最大限度地利用内部与外部规模经济，以及大型项目的上马和最新科技成果的应用。尤其是它假设增长是由外部需求和创新所推动的，并且发展能以自发的或诱导的方式从城市中心或有活力的部门自动涓滴到这个系统的其他部分中去[56~58]。

地域式方法则与功能式方法相反，该模式是与特定区域中人力资源和自然资源的总动员相联系的。它让本地区人民参与区域规划过程，并使其成为一种必要的政治程序。它为个人、社会集团和以地域方式组织起来的中小团体提供更多的发展机会，并且为社会经济和政治上的共同利益而发挥其所有能力与资源。在这种模式中，经济效益的评价标准并没有被完全抛弃，但目标将是以实现经济落后地区所有生产要素整体效率的提高作为评价标准，而不是以追求国际范围内部分生产要素的收益最大化作为评价准绳。因此，在这种模式中，区域将会有更多的自决权，可以自主地决定其发展道路。地域式方法是在总结了加速工业化战略模式的缺点之后被提出来的，它试图改变现行区域规划中的"城市偏向"思潮，促进大多数人口对基本需求的满足和更多的平等，重新建立地方与区域"社区"，避免经济与政治决策集中化。

（五）主流经济学派区域发展理论

进入20世纪80年代以来，在国际上，迈克尔·波特（Porter，Michael）、保罗·克鲁格曼（Krugman，Paul）等著名主流经济学家开始介入空间或区域问题的研究，从而带动了一大批经济学家致力于将空间问题引入主流经济学研究之中。其中，最有影响的理论包括：以波特为代表所提出的"产业集群理论"（industrial clusters theory）；以克鲁格曼等为代表的新经济地理学（new economic geography）等[59,60]。

1. 产业集群理论。哈佛大学商学院教授波特从20世纪80年代晚期开始对产业集群进行了详细的研究，形成了集群学派区域发展理论。他在其代表性著作《国家竞争优势》（1990）中，对加拿大、德国、意大利、日本、美国的产业集群现象进行了研究，并从企业竞争优势的角度对集群现象进行了理论分析。他提出，国家竞争优势的产业是通过一个高度本地化过程创造和发展起来的，这些产业的竞争优势主要体现在能够进行持续的创新和升级，而产业的创新和升级关键取决于"钻石模型"：一国的生产要素条件、需求条件、相关支撑产业以及企业战略、结构与竞争四个方面因素的相互配合，并通过地理集中而大大得以强化。因此，集群是指在一国内一群有着纵向紧密联系的企业，它们在整个产业内的紧密协作能有效地提升整个产业的竞争力，进而提升产业所在国家的竞争力。

波特继而在《集群与新竞争经济学》（1998）中进一步对产业集群理论进行了阐述。他首先将集群具体定义为："在某特定领域中，一群在地理上毗邻并相互关联的企业和相关法人机构，它们以彼此的共通性和互补性相互联结。"波特认为，集群产生于多种因素，比如历史传统、已有的供应商渠道和相关产业（甚至集群）、一两个具有创新精神的大企业、偶然事件等。集群一旦形成，一种"自我强化循环"机制就推动其自然成长。随着集群的不断壮大，内部新的企业、产业会不断地产生和消亡，地方制度也不断完善，从而增强了集群所在地区的竞争力。波特认为，政府作为产业政策的制定者应该制定适宜的集群发展政策，政府应加强与建立现存的和正在出现的集群，而不是努力去创造一个全新的产业集群[61,62]。

2. 新经济地理学。自 20 世纪 80 年代末期以来，克鲁格曼开始致力于"新经济地理学"的研究。他最早在其《收益递增与经济地理》（1991）著名论文中对其"新经济地理"思想进行了初步讨论，并在随后发表的一系列论著中对其思想进行了深入的阐述。他认为，以前主流经济学由于缺乏分析"规模经济"与"不完全竞争"的工具，导致空间问题长期被排斥在主流经济学之外，现在，由于"规模经济"、"不完全竞争"等分析工具的发展，有望将空间问题纳入主流经济学的范畴。他甚至认为，"新经济地理学"是继"新产业组织理论"、"新贸易理论"、"新增长理论"之后的最新经济理论前沿。

克鲁格曼的新经济地理学主要研究报酬递增规律如何影响产业的空间集聚，即市场和地理之间的相互联系。他的基本观点是，产业在空间上的分布不均匀性是报酬递增的结果。他运用一个简单的"核心—外围"模型来分析一个国家内部产业集聚的形成原因。在该模型中，处于中心或核心的是制造业地区，外围是农业地区，区位因素取决于规模经济和交通成本的相互影响。假设工业生产具有报酬递增的特点，而农业生产的规模报酬不变，那么，随着时间的推移，工业生产活动将趋向于空间集聚（Krugman，1991a）。克鲁格曼还进一步详细地论述了产业集聚的形成过程。他首先肯定了早期马歇尔的外部经济性思想，认为它使经济活动在地理位置上趋向集中，接着重新诠释了马歇尔的观点，认为产业地方化现象有三个原因，分别与基本要素、中间投入品和技术的使用有关，它们都产生了来自于供应方面的外部经济性：（1）劳动力市场的"蓄水池"效应。在同一个地方，来自同一行业的多数企业的聚集能集中越来越多的技术工人。这个"蓄水池"的不断扩大，能帮助企业克服种种不确定性，加上规模经济的作用，报酬递增的效应便出现了。（2）中间投入品效应。一种产业长期集聚一地，可以吸引许多提供特定投入和专业化服务的供应商，并使之逐渐成为地区的生产中心；而且由于规模经济和范围经济的作用，这种生产中心规模越大，越能吸引许多有效率的供应商。（3）技术的"外溢"效应。如果关于新技术、新产品和新工艺的信息在一个地区内部相对于在远处更容易流动和获得，那么聚集在一个产业里的企业相对于较远离该地区的企业在理论上更容易获得正的外部性效应[59,60]。

可见，报酬递增同时以规模经济和正的外部性形式出现，在产业集聚的形成进程中起着关键作用。前者使产业在特定区域集中，后者使不同企业和相关产业集中，造成地区专业化，这样，产业的空间集聚和区域专业化成为克鲁格曼使用报酬递增原则来分析产业集聚现象的两大依据。

（六）劳动地域分工

任何社会生产总要落脚到地理空间上。所谓劳动地域分工，就是指相互关联的社会生产体系在地理空间上的分异，它是社会分工的空间形式。从个别区域的角度来看，表现为各个地区专门生产某种产品，有时是某一类产品甚至是产品的某一部分，即区域生产专门化。从相互联系的区域体系来看，它表现为全社会的生产专门化体系。地域分工的必要前提是生产产品的区际交换与贸易，是产品的生产地和消费地的分离，地域分工的这一性质决定了它的规模随着产品交换和贸易的扩大而不断扩大。从国内局部性的地域分工到全国统一市场下的各个区域之间的全国性分工，从国内地域分工到国际地域分工，是地域分工由低级形态向高级形态演变的一般过程。关于劳动地域分工，有五种经典的理论模式[63,71]。

1. 亚当·斯密的绝对优势说。斯密从工场手工业看到了分工的利益，然后联系到整个社会，论证了地域分工的合理性，即每个生产者为了自己的利益，应集中生产在社会上有利的产品，然后用销售所得去购买其所需的其他所有物品。推而广之，斯密认为国家间亦应如此，每个国家都有其绝对有利的适于某些特定产品的生产条件，而导致生产成本绝对低，这叫做绝对利益原则，又称绝对优势说。如每个国家均按此原则进行专业化生产，通过贸易进行交换，会使各国的资源、劳动力和资本得到最有效的利用，这是斯密地域分工学说的基石。斯密的地域分工和绝对利益原则，使资本主义下国际贸易的理论基础，从流通领域转到生产领域，促进了世界性经济交流。他的学说对解释当时国际和区际的地域分工与生产力布局起到了一定的积极作用。但是，他的理论是有显著缺陷的，特别是经济发展水平差异很大的地域间，由于落后国家和地区各部门的劳动生产率均显著低于先进国家和地区，用绝对利益原则作指导，前者就只好闭关自守，避开同后者的经济交流了，这同以后的生产力布局和国际贸易的发展实况也是不一致的。大卫·李嘉图（David Ricardo）是继斯密之后另一英国古典政治经济学者，劳动价值论的另一创始人，他提出了地域分工的基础是比较利益原则，或称相对成本论。根据比较利益原则，如两个地区中的一个能以较低的成本生产各种产品，两国之间的地域分工和贸易也会使双方均为有利。李嘉图的比较成本说比斯密的绝对成本说能更好地解释地域分工和国际贸易问题[63,71]。

2. 约翰·穆勒的相互需求论。约翰·穆勒除继承了李嘉图的比较成本说以外，还从需求方面和交换比率方面加以补充，提出了相互需求论，认为比较成本说只指出了两国进行贸易时决定交换比率的范围，但不能决定其实际的交换比率，在由比较成本决定的界限内，国际间商品交换的实际比率是由两国间的相互需求决定的。穆勒提出的相互需求论可概括为：两国以两种产品相互贸易时，这两种产品的交换比率，在由比较成本决定的幅度内，取决于两国对彼此产品的相互需求，取决于一国对另一国产品的需求弹性。需求不迫切、需求量不大的国家，可以多得好处；反之，需求迫切、需求量大的国家将使交换比率转向不利的方向。交换比率的变化将视两国消费者的倾向而自行调整，使从国外进口的商品总额与出口总额基本持平，使贸易趋于平衡，只有在贸易平衡下的交换比率才是稳定的交换比率[63,71]。

3. 巴朗斯基的地理分工论。巴朗斯基（Н. Н. Баранский）是苏联著名的经济地理学者，他运用马克思主义观点对劳动地域分工进行了阐述，提出了比较系统的地理分工论。按照巴氏的理解，所谓地理分工就是社会分工的空间形式。地理分工的必要条件是：一个国家（或地区）为另一个国家（或地区）劳动，该劳动成果由一个地方运到另一个地方，使生产地和消费地不在一个地方。地理分工可以分成两种情况：一种是某一国家或地区，因为自然条件的关系，完全不能生产某种产品而由另一国家或地区输入；另一种是某一国家或地区虽然生产某种产品，但生产起来较贵，因而输入这种产品。巴氏把前一种情况称为绝对的地理分工，后一种情况称为相对的地理分工。当分析不同区域劳动生产率高低的差异时，既需注意其自然的原因，也要分析其社会的原因，如农业和矿业生产的成本因自然条件和资源的不同而差距悬殊；如加工工业，自然条件的作用也不容忽视，如工业距原料和燃料地距离的远近，就直接影响成本的高低，有些工业如纺织业，还受到气候和水质的直接影响，生产成本不单取决于原料与燃料，还取决于生产工具的水平、固定资产的积累和劳动力的数量与质量等地区差异。另外，还必须考虑到社会结构的差别。经济利益是地理分工发展的动力[69~79]。

（七）区域发展理论简评

本书按照历史与逻辑的顺序对第二次世界大战后几大重要流派的区域发展理论进行了简明扼要的概括。当然，西方区域发展理论远不止这些，比如从流派的角度来看，还应包括以沃尔特·艾萨德（Isard，Walter）为首的"区域科学"（regional science）学派的相关发展理论，以及包括依附论、新左派等在内的激进学派区域发展理论，所包容的具体理论就更为广泛，但限于篇幅及主题，所涉及内容难免有所遗漏。

总的来说，上述区域经济发展理论都是在特定的历史条件下形成和发展起来的，既有其可借鉴的一面，也有其不足的地方。首先，历史经验学派区域发展理论基本上来源于对欧美区域经济发展过程的实证考察结果，因而在某种程度上具有一定的普遍适应性，但也应该注意到理论产生的特定环境条件。因此，当我们将这些理论用于分析和规划区域发展实践时，一定要切合本国或本地区的国情或区情。其次，现代化学派区域发展理论对加速区域工业化、城市化与现代化提供了比较好的思路，但该理论实施的结果却容易造成二元空间结构加剧的后果。乡村学派区域发展理论虽然更多地关注乡村地区的发展理论与空间平等，却往往以牺牲效率为其发展代价。主流经济学介入区域发展问题无疑值得称道，然而新经济地理学等流派区域发展理论更多地注重抽象理论模型的构造，离实际应用仍有一定的距离。这些都是值得我们在借鉴西方区域发展理论运用于实际时所应注意的。最后，地域分工从斯密的绝对优势学说开始，认为区域分工和国际贸易的基础就是两个地方劳动生产率或生产成本的差异，在其经济动力方面，不仅对当代国际分工的现象无法解释，就是对苏联内部地区分工与专业化的现实也不一定完全符合这种绝对的经济利益。

第二节　区域发展模式

区域开发一般指对具有某种或某几种资源的区域进行的开发及在这个基础上的经济发展，属于区域发展早期阶段。主要包括如下内涵：一是区域发展的根本目标是满足区域社会主体自我存在和发展需要；二是区域发展的根本动力是区域社会系统的需求与创新及其关联互动；三是区域发展的主要依托是"人为"生产力的分化和拓展；四是区域发展的核心是区域经济、社会、文化结构与功能转变；五是区域发展的主要内容包括经济开发、社会开发、文化开发和生态环境开发。

一、区 域 空 间 结 构

区域空间结构作为区域经济的一种重要结构，是指人类的社会经济活动在区域内的空间分布状态与空间组合形式。陈才教授认为，区域空间结构的形成与发展必须具备以下四个条件：一是作为区域核心的现代城市的形成。产业革命后，以现代工业为主要内容的城市不断出现，并不断加强与周边区域的经济联系。二是周边地区商品经济的不断发展。周边地区商品农业、工业、第三产业的发展，为加强与核心区的经济联系提供了有利条件。三是网络系统的发展。网络是联系核心区与周边腹地的纽带和桥梁。四是外界的影响与作用。每个区域空间结构的发展不仅受到比它大一级区域的空间结构的制约，还受周围其他区域空间结构的影响。

（一）区域空间结构的基本要素

通常认为区域空间结构由节点、轴线、网络、域面四个基本要素组成。当然区域空间结构组成要素还有其他划分方法。例如，涂人猛等人认为，区域空间结构由节点或城镇、通道或轴线、流、网络、等级体系五个基本要素组成；空间结构的生态学派认为，区域空间结构由基质、斑块、廊道三个基本要素组成。

1. 节点是指人类经济活动在地理空间上集聚而成点状，是区域经济活动的重心。节点主要包括城镇、港口、工矿区、开发区等。其中，城镇是区域空间结构中最为重要的节点。人类经济活动在地理空间上集聚，呈现不同的规模等级，与此相对应的是，区域空间结构中的节点也呈现不同的规模等级，这些节点作为各自区域内的经济增长极，均有各自的吸引范围。例如，西安市从城市规模、经济发展水平来看，均优于省内其他城市，成为陕西省区域空间结构规模等级最高的节点。规模等级不同的节点在各自区域的形成与发展过程中起着主导作用，它们之间相互作用、相互影响，又组成了节点的等级体系。

2. 轴线是指沿着一定的方向联结规模等级不同的节点，在地理空间上呈现线状或条带状。轴线及其附近的地区人口与产业相对集中，社会生产力水平较高，经济实力雄厚，发展潜力大。轴线同样可以根据其所联结节点的规模等级、与轴线上各种流（包括资金流、人员流、能源流、信息流、商品流等）的大小分为不同的规模等级。

3. 网络是由区域空间结构中的节点与轴线有机组合而成。网络系统包括区域内的各种交通运输系统、通信系统、能源供给系统等。网络系统能够有机地联系区域空间结构中的节点与轴线，区域内外的资金流、信息流、人才流、商品流等的发生均离不开网络系统。网络系统能够使整个区域产生的效应远远大于孤立的节点与轴线所发挥的效应，即"整体大于局部之和"。区域内的城镇空间布局与网络系统的空间布局存在很大的一致性。

4. 域面是指区域内某些经济活动在地理空间上所表现出来的面状分布状态，一些学者又把域面称为经济腹地，是节点与轴线存在的空间基础。域面也有多种形式，例如，农业空间分布呈现域面，城市通过辐射扩散作用形成域面，经济区、城镇连绵区也是域面。

（二）区域发展模式的演变

随着社会生产力的进步，区域空间结构也在不断地发育与完善。1966年美国著名的区域分析与规划专家弗里德曼（J. R. Friedman）在其著作《区域发展政策》中，把区域空间结构的演变分为以下四个阶段[56~58]。

1. 工业化之前阶段。生产力发展水平低下，虽然存在少数的地方中心，但每个地方中心所占的面积都很小；通道以河流、山谷等自然通道为主，各地方中心处于一种孤立的状态。与此相对应的是，区域空间均质无序，处于离散型空间结构阶段。

2. 工业化初期阶段。随着工业化的发展，某些地方经济迅速发展，逐渐成长为区域的核心。通过极化效应，使得外围区域的经济要素不断向核心区域集聚，中心城镇得到极化；而广大外围区经济发展相对落后，区域空间差异扩大，与此相对应的是，区域空间结构处于聚集型阶段。

3. 工业化阶段。区域内新的节点不断产生，并与原来的节点相互有机组合，形成区域的节点体系。且这些节点均具有一定的外围区域，于是规模不等的核心—外围区也逐渐形成。与此相对应的是，区域空间结构日趋复杂化、有序化，呈现扩散型。

4. 后工业化阶段。区域内各地区之间的经济要素流动日趋频繁，区域内的空间与资源得到更充分、更合理的利用，区域经济发展水平高，区域空间的差距不断缩小，且核心区与外围区之间的边界不断模糊。与此相对应的是，区域空间结构趋向一体化，呈现较高水平的均衡型区域经济发展。

二、西方区域发展模式

（一）增长极

由于各区域生产要素的组合条件不同，各区域必然出现不平衡的增长。以较快速度优先增长的地区，逐渐成为区域经济的增长极，并通过吸引力不断扩大自身规模，同时借助各种通道辐射带动周边区域的发展，区域空间开发的理论基础是增长极理论，并由此产生增长极模式。增长极理论最初是由法国经济学家弗朗索瓦·佩鲁于20世纪50年代提出的。其基本思想是：经济增长并非同时出现在所有地方和部门，而是先集中在某些具有创新能力的行业和主导产业部门，这些主导部门通常积聚在大城市中心。一般认为，增长极通过极化作用与辐射扩散作用对周边区域经济的发展产生正面效应与负面效应。极化效应是指增长极对周边区域经济发展的消极作用。在区域经济发展的初期，极化效应更为显著，由于要素收益地区差异的调节作用，向心力与吸引力也随之产生。资金流、人员流、技术流、能源流等源源不断地从周边区域向增长极流动，即通过剥削周边区域，核心区得到极化发展，增长极与周边区域经济发展的差距逐渐扩大。辐射效应是指增长极对周边区域经济发展的积极作用。增长极凭借自身优势，通过技术创新与扩散、资本聚集与输出、规模经济的外部经济效应等，向周边区域进行辐射，通过增加周边区域的就业机会，促进周边区域技术进步，提高周边区域的劳动生产率等，促进周边区域经济的发展。在增长极的发展过程中，扩散效应与极化效应同时存在；由于增长极的出现表明了各区域之间的不平衡，使得极化作用的强度明显大于扩散作用的强度。中央政府为了平衡区域经济的发展，常常借助地价、税收、投资优惠等措施，促进扩散作用的强化。经济增长首先出现在增长极上，通过支配效应、乘数效应、极化与扩散效应等不同的渠道向外扩散，对区域经济活动产生作用，并对整个区域产生影响[46,54~56]。

（二）发展轴

点与轴线相结合的开发理论，最早由波兰学者萨伦巴与马利士提出。我国学者陆大道在据点开发与轴线开发理论的基础上，把点—轴开发模式进一步升华，提出了点—轴渐进扩散理论，认为把区域内有限的资金、人员、能源等集聚在少数几个据点，使得这些据点迅速发展壮大，进而辐射带动周边区域经济的增长。轴—线开发理论是点—轴开发理论进一步演变的结果，认为贯穿区域内的交通线、能源供给线、通信线等线状基础设施，能够把区域内分散的城镇紧密地联系起来，加强城镇相互之间及城镇与区域内其他地区之间的经济交流和合作，促进整个区域生产力的进步。点—轴渐进扩散理论在区域发展实践中的具体应用就是点—轴开发模式。根据点—轴渐进扩散理论确定区域内各节点与轴线的规模等级，实现区域生产力空间布局的合理化，能有效地加速整个区域的发展。发展轴模式是增长极模式的扩展，由于增长极数量的增多，增长极之间也出现了相互联结的交通线，这样，两个增长极及其中间的交通线就具有了与增长极一同调整增长的功能，理论上称为发展轴（或称为"点轴"）。随着地区开发的深入和增长极数量的增加与质量的提高，根据区域经济空间相互作用理论和空间近邻效应，在区域经济增长极之间产生相互聚集与扩散，在它们之间建立起各种交通线路以及各种经济社会联系，产生相对密集的要素流，从而形成区域内经济相对发达的轴线。这种轴线的形成就可激活沿线地区的经济发展潜力。同时，由于轴线地区具有良好的区位优势，因此，吸引区域内其他地区的资源，使企业和经济部门等向此集聚。发展轴同样存在着聚集和扩散效应，而且效应的强度更强，对周边的影响更大。发展轴在不断地丰富之后，力量更强大，最终将成为一条发展带，发展带是发展轴的成长结果及其演化最后形式[64~66]。

（三） 网络型模式

发展轴还有一种演化的结果，就是由若干个发展轴联合在一起，形成你中有我、我中有你的局面，从而形成增长网络。增长网络的形成，使极化效应产生的聚集规模经济在更大的范围内表现出来，而不是仅仅从一个点上表现出来，对于网络所在的区域来说，意味的增长结果的分散化和增长极点的分散化，而对于更大区域来说，则将整个网络区域视为一个巨大的增长极，所以其极化效应可能更强，对区域经济的影响也可能更大。这种联系方式组成了具有不同层次、功能各异、分工合作的区域经济系统。它能够将区外的一些资源纳入这个系统之中，对其他地区的影响也最明显，一般发生在发达地区。因此，这种模式是区域一体化和城乡一体化的基础[42~66]。

（四） 核心——边缘理论

1966 年美国学者弗里德曼（J. R. Friedmann）提出了"核心——边缘"理论，该理论是解释区域空间结构如何从彼此孤立发展，到相互联系、发展出现不平衡，再到平衡发展的一种理论，并以极化效应和扩散效应来解析核心区域与边缘区域的演变。随着区域经济的发展，核心区与边缘区的关系也会发生阶段性的变化。在区域空间结构演变的初期，核心区主要靠剥削边缘区而得到快速发展。当区域经济发展到较高水平后，核心区的辐射扩散作用加强；同时，一些次一级的核心将在边缘区形成，且这些次核心逐渐发展到与原核心相似的规模，甚至可以脱离原来核心区的支配。核心区与边缘区是一个相对的概念，任何一个区域都包括核心区与边缘区[57,59]。

核心——边缘理论在区域分析与规划中具有重大的应用价值，可以较好地分析城镇与乡村、国内发达地区与欠发达地区、发达国家与欠发达国家等相互之间的关系。一是从城镇与乡村的关系来看，城镇为核心区，乡村为边缘区。城镇与乡村的关系也将随着区域经济的发展逐渐由初期的控制与被控制，向后期的互补、协调、一体化关系转变。二是从国内发达地区与欠发达地区来看，发达地区是新兴技术与新产业的摇篮，为核心区，处于主导地位；欠发达地区资金贫乏、技术落后、生产率低下，大量劳动力等资源不断地流向发达地区，处于依附地位。三是从发达国家与欠发达国家的关系来看，发达国家处于核心地位，欠发达国家处于边缘地位。发达国家凭借自身的资金、技术等优势不断吸引欠发达国家的人力等资源，并通过工业制成品与农矿产品的"剪刀差"剥削欠发达国家。

（五）梯度与反梯度理论

梯度是指区域之间经济发展水平的总体差异，梯度推移理论是在产品生命周期理论的基础上发展起来，该理论认为区域经济的发展与衰落取决于区域的主导产业部门是否先进。高梯度区域的产业部门处于创新到成长阶段，低梯度区域的产业部门处于成熟到衰退阶段。新技术、新制度、新产业等这些推动区域发展的创新活动一般聚集在高梯度区域，高梯度区域通过城镇等级体系，不断地把这些创新活动向低梯度区域转移。低梯度区域在吸收、接纳高梯度区域扩散转移的产业后，经济也获得了较快增长。

梯度推移的方式一般有三种，即纯梯度式、纯跳跃式、混合型。一是纯梯度式是指在区域发展早期，社会生产力水平低下，空间推移的规模小、速度慢，从创新的发源地直接向周边城市推移。二是纯跳跃式是指随着交通、运输网络的完善，从创新活动的发源地——第一级城市向远距离的第二级城市推移，再向第三级城市推移，并依此类推，具有明显的等级性。三是混合型是指兼具纯梯度式与纯跳跃式。梯度推移理论在20世纪70年代末被应用到我国的区域经济研究中，后来有些学者又提出了反梯度推移论。该理论认为，若完全遵循梯度推移理论，那么高梯度的区域永远比低梯度的区域具有发展活力，高梯度区域的经济发展水平长期处于高水平状态，而低梯度的区域将长期处于落后状态。因此，各个区域应根据自身的实际条件与经济发展的需要来引进技术与决定经济开发的先后顺序。

三、苏联区域发展模式——地域生产综合体

地域生产综合体俄文为 Территориально-производственный комплекс，又称生产地域综合体（territorial production complex，TPC），最早由苏联经济地理学家 H. H. 科洛索夫斯基于1948年提出，科洛索夫斯基对地域生产综合体的定义为："一定地域或经济区、经济亚区上若干生产企业和居民点相互制约的并列从属的

组合。如果工艺上的联系深刻，地域生产综合体能够转变为联合体的形态。地域生产组合（综合体）是社会主义社会社会分工的一定的地理、技术形态，它拥有一定的自然资源组合。"第三版《苏联大百科全书》（1976）卷 25 对这条名词作了进一步的阐述：地域生产综合体是社会主义社会生产力的空间组织形态，它最充分地适应于科技革命时代发展经济的任务，它是经济区（或亚区）的经济组成部分，由一定地域（不一定与行政区一致）上相互联系的工业和农业企业组合而成。它积极参加全国的分工。企业之间的生产联系，利用区内共同的自然、经济资源和条件以及共同的人口分布系统，创造了地域生产综合体的经济一致性。通过企业的联合、协作，合理利用自然和人力资源，以及副产品原料、运输网，降低辅助服务企业、市政工程、社会文教设施的建设成本，地域生产综合体可以发挥很大的作用。

后来被传入像中国这样的社会主义国家，在 20 世纪六七十年代被介绍到美国、英国等西方国家。美国学者艾萨德接受了综合体的概念，并把其作为阐述他的区域科学体系的一个组成部分，不过艾萨德所理解的生产与苏联本土的不一样。在苏联，TPC 所言的生产部门既包括工业部门也包括农业部门，而在艾萨德看来，TPC 应专指工业。尽管如此，TPC 理论曾在各国产生了重大影响并被地理学、经济学、计划与管理学研究者所重视，我国曾在 20 世纪 50～80 年代广泛宣传过这一理论，其各组成部分按功能可分为以下五类：（1）核心类。主导专业化部门，通常为大型联合企业，一般布局在地域生产综合体的核心区位。（2）主体类。与核心企业在生产上相衔接，在利用其产品基础上与其发生密切经济联系的各种企业，以核心内企业布局。（3）补充类。包括利用核心企业废料进行生产的各种企业，为平衡和充分利用劳动力而安排的企业，以主体内企业布局。（4）服务类。为上述企业提供原料、燃料、零配件和设备的企业，布局在更外的圈层。（5）生产性和非生产性基础设施。包括生产性、机构性、社会性设施。地域生产综合体发展的根本动力在于它能比企业单独布点带来更大的聚集经济效果，它不是简单的企业地域聚集，而是使生产上相互补充、经济上密切相关的企业在地域上有序结合布局，产生明显的经济效果。

（一）TPC 的基本原理

TPC 理论是关于在一定地域以一定的专业化部门为核心，能够充分发挥专业化部门在整个地域的生产联系的生产地域经济体系的形成机制与过程的理论。其中，专业化部门是指具有全国意义和影响始终与区域以外其他区域的产业发生紧密联系的产业部门。地域生产综合体理论包括三个分支理论体系：（1）生产结构理论；（2）综合体内相互联系理论；（3）动态理论[69～73]。

1. 生产结构理论。TPC 是整个国民经济结构的一个地域组成部分，在某种程度上也就是国民经济结构组成的一个地域缩影。因而也就必然包括了国民经济结构中三大产业部门。但 TPC 与整个国家国民经济结构除 TPC 以外的区域经济结构毕竟有着很大的不同。这是因为，TPC 并不像国民经济结构那样具有为数众、多门类齐全的部门，而且即使是按三大产业部门来划分，在部门的比例组成上也与整个国民经济结构有明显的区别，地域生产综合体之所以不同于其他区域经济结构，还因为它是全国范围内有重大影响的专业化部门。这些专业化部门在全国劳动地域分工中担负着重要使命。可见，地域生产综合体与其他区域经济结构不同之处也在于其在整个国家经济增长与经济结构变化中所处的地位和作用不同。

从 20 世纪 50 年代起，苏联学者就对区域产业结构分类进行了探讨，形成了不同的分类方案，因为这些分类都是对现存地域国民结构的现象描述，因而各个分类方案之间大同小异。比如，萨乌什金曾将区域生产结构分为：（1）主要的生产部门；（2）为区内主要的辅助性的其他生产部门提供原料和燃料的基础部门；（3）附属性的生产部门；（4）辅助性生产部门；（5）区内生产部门；（6）服务性部门。按苏联学者班德曼的划分，生产结构由以下几个要素组成：生产部门、服务性基础设施、人口和当地自然资源。TPC 的生产部门包括专门化生产部门和分工性生产部门。专门化生产部门是 TPC 中心，一个区域能否有资格建设 TPC，关键在于这个区域能否建成具有全国意义的专门化生产部门。而且一个区域的专门化部门的规模越大，在全国的地位越重要，建成的地域生产综合体的规模也就相应越大。分工性经济活动是在 TPC 范围内次一级的生产活动。分工性生产部门包括附属性生产部门和服务性生产部门。附属性生产部门主要是满足区内需要的生产部门，其特性和发展速度往往由专门化生产部门的需要来决定，而这些部门在一定时候也可发展成为 TPC 内部的专门化生产部门，而服务性生产部门主要是为 TPC 范围的人们日常生活提供服务的生产部门[69~73]。

地方性自然资源在很大程度上决定了每个 TPC 范围内的专门化经济活动甚至其功能与空间结构。一地的资源条件说明了特定区域的发展潜力，而且也提供了TPC 形成的先决条件。自然资源可分为五类：矿物资源、燃料与能源、技术资源、植物资源和土地资源。建立综合体的准备阶段先是对资源的评价，包括资源的可运输性、可更新性、蕴藏程度与含量，同时必须考虑气候因素、社会经济条件和旅游设施以及污染程度等外部条件和限制性因素，对资源的评价包括数量和质量的评价，其中质量的评价还包括区位因子的分析。

由上可见，所谓的生产结构理论是指 TPC 由各种生产要素所组成，这些生产要素包括自然经济、社会各方面的因子，TPC 的生产结构实际就是这些诸多因素相互结合所形成的统一体。

2. 专业化与综合发展相结合的原理。在苏联专业化生产部门主要是矿业和制造业，也有农业部门，专业化生产活动决定 TPC 在全国劳动地域分工和经济区中的地位，影响专业化部门生产结构和发展速度的因素包括五个方面：综合体中资源的组成；国家对专业化部门生产产品的需求；区域的地理条件；单位产品的资本投资和运营成本；产品运到消费地的运输成本。在现实中，专门化生产部门往往由一个或多个完整的或部分的生产循环所决定，与通常的技术循环有所不同的是，生产循环是建立在不同生产部门之间的技术和经济的基础之上，通常一个循环的核心包含了 1~2 个主要生产部门，而这两个生产部门代表了一个 TPC 范围的专业化活动，对于这样的生产循环，柯洛索夫斯基、萨乌什金和赫鲁晓夫等人都有过专门的探讨，生产循环的形式和空间联系应根据已知的地方资源的组成、级别、规模以及在国家经济中经济地位的变化而相应地做出改变和调整，专业化产业可以区分为区域之间的专业化部门或区域内部的专业化部门，主要根据这些部门在苏联和区域经济中的作用来定，那些具有区际重要意义的产业部门通常将其产品输往国家的其他经济区域，而一般区域意义的产业部门主要用于满足区域市场。

提出专业与综合发展相结合的原理，是为了说明在 TPC 发展过程中除了要考虑专门化部门的发展，也要考虑其他各种非专门化部门的发展。这是因为：第一，专门化部门在扩张过程中离不开综合发展，因为专门化部门与协作配套部门、社会基础设施建设部门之间有前向、后向和侧向的连锁关系，因而前者的发展就离不开后者的支持。第二，专门化与综合发展相结合是指专门化生产扩张过程中综合发展也相应地扩张，这样才能支持专门化部门的发展，综合各部门的发展速度过慢的话，将不能满足专门化部门的发展需求，但如果综合各部门的建设过快的话，又会造成各种经济资源和社会资源的浪费。第三，由于专门化部门发展是针对一定时空条件下的经济部门扩张而言，如果其他综合部门的发展跟上了这一发展，当外界条件发生变化时，区域经济就不会出现大的起伏涨落。比如，资源（自然）被采掘一空时，区域专门化部门专业化水平下降时，如果各综合部门发展到一定水平，区域经济就不会迅速衰落，甚至有能力支援形成新的专门化部门[61~72]。

3. 动态原理。由于 TPC 的形成过程要经历 10 年之久，因而 TPC 大规模的研究与设计工作需经历若干阶段：科研与设计阶段；基础设施的准备阶段；主要生产项目的建设阶段；使各生产性设施投入运营阶段。这几个阶段一般来说是相互联系与衔接的，常常在建设过程中出现某一 TPC 建设程序与其他程序交迭或重复出现的现象，比如在新的生产活动被引入 TPC 过程中对某些部门需作重建，在企业正式投产以后基础设施需要改善等，因而在 TPC 发展过程中建立模式时有必要进行时序划分。在对 TPC 进行动态模式分析时需考虑以下五个因素：（1）TPC 生产结构和空间结构比例关系；（2）TPC 每个建设阶段资源的有效配置；（3）资源在空间范围内合理分布与充分利用；（4）TPC 对环境的适应性及 TPC 与其他区域发展之间的关系；（5）TPC 在未来扩张的范围与限度。正是由于 TPC 建设过程中具有强烈的动态性，因而建设中作为主管部门需要考虑：（1）对规划中的 TPC 及其空间结构的区位选择；（2）TPC 各组成部分的时序选择；（3）对 TPC 发展的不同过程的管理；（4）项目布局过程中的替代趋势与 TPC 成型过程中的发展预测，比如，当基础设施成本下降时，资源与环境保护的成本上升；（5）由于一些不确定因素出现带来对产业的选择问题。事实上，TPC 形成过程中许多内在或外在的因子都可能发生变化。首先，科学技术能够提高资源开发与利用的程度，影响资源的利用效率，因此，由于科学技术的作用，某些综合体的开发潜力和在区域分工中的地位就需要予以重新评价。其次，科学技术也影响到每个 TPC 内外产业之间的连接关系，使得产业之间的分工与协作不断加强，从而使 TPC 的功能与结构不断产生变化和调整。

由此来看，TPC 的动态原理是指在 TPC 的形成与发展过程中，TPC 内部的各个环节、各种组成要素的增长与扩展呈动态变化的规律，且由于 TPC 是一个开放系统，本身又与外部区域经济和其他 TPC 发生物质能量的输出输入交换关系，外界环境也会对 TPC 的变化产生影响力。从行政与经济隶属关系上看，TPC 又与上一级经济区和国家经济行政机构发生必然联系。这样，TPC 是处在各种内外因素相互作用的网络节点上，各种因素都会修改和矫正 TPC 发展的运行轨迹，使其处于动态发展变化过程之中。这也就要求对 TPC 的内外各种关系相应地进行动态协调，以保证 TPC 本身按照稳定和谐的道路进一步发展。在苏联的 TPC 发展计划实际操作中，一般都是根据 TPC 内部各种条件建立静态模型，然后再根据内外环境的变化引入各种变量和不确定因素进行动态仿真，在此基础上实现 TPC 发展决策的合理化与科学化。

根据 TPC 的基本原理，从国家开展区域政策的角度来看，进行区域规划时一般都立足于以下六点：（1）解决国家经济问题中区域的地位；（2）联邦生产体系中区域的专门化和专门化产业的构成；（3）服务于若干区域的基础设施要素；（4）若干区域均有需求的稀有要素开发中的限制性因素；（5）区域之间的环境保护措施；（6）专业化工业的生产成本和其产品输往目的地的转移成本等。由于在苏联部门经济和区域经济可算作整个国家宏观经济的次一级系统，整个苏联的区域经济可以由各种级别的地域生产结构综合体系来表示，级别的高低反映了地域在全苏联整个经济中的贡献，地域生产结构分类中的首级地域是经济区，在经济区之下，有两个相联结的次一级地域级别——大规模的 TPC 和工业节点。而

TPC 的等级是反映经济区在全苏联经济中地位的一个判别标志。一般来说，一个经济区可以有若干个 TPC，但整个经济区内现存的空间结构往往是由某一个特殊的 TPC 来定，因而区域规划的程序一般要经历五个阶段：（1）在经济区一级，确定 TPC 集合系统和 TPC 的分工；（2）在 TPC 一级中决定每一 TPC 经济结构中主要要素发展的规模与比例关系；（3）在 TPC 一级决定每个 TPC 发展时序和工业节点的空间结构；（4）每个 TPC 内部工业节点的空间结构；（5）制定经济区中每个 TPC 的建设计划。由此看来，在苏联经济区范围内的区域规划都是围绕着地域生产综合体的建设而展开的[69~73]。

（二）TPC 理论的评价

TPC 理论是苏联经济系统工作者在区域开发特别是在新区开发中对如何合理发展区域经济提炼总结出来的一种科学规律，这种理论的一些合理内核如生产结构理论、专业化与综合发展理论以及动态理论都是从计划体制的土壤上诞生的，但一经抽象而上升到理论高度，具有相对广泛的适应性，总的说来，该理论有以下优缺点。

1. TPC 理论优点。

（1）以有限的空间为核心集中投入资源，形成生产要素的地域性集中，这与经济学中成本最小化和集聚化经济原则相吻合。

（2）注重产业之间的协调发展。TPC 原理主要是从产业结构角度来探讨区域经济发展的规律性，因而注重产业之间结构上的比例关系，这无论是在产业之间的联系链条上，还是在生产性产业与服务性产业之间的配置上都能看出这种规律性。

（3）从动态变动的角度看待区域经济发展。

2. TPC 理论缺点。TPC 理论也有自身不能克服的种种不足。

（1）逻辑结构上比较松散并缺乏一致性和严密性。比如，虽然该理论是以产业结构为中心展开的，但其中所谓的生产结构理论只是对区域经济结构组成要素的分析方式，谈不到什么原理，而动态原理则只是考虑到内外界的动态变化而已，这是许多经济发展现实中都必须出现的，因而似乎只有专业化与综合发展规律才算得上隶属于地域生产综合体理论的一种规律性。再比如，农业在研究初期被视为地域生产综合体原理的一个重要组成部分，但在正式论述中往往把农业悬置在一旁，甚至不作为分析的一种特例，令人感觉所谓的专业化部门实际上就是指工业部门而言。

（2）TPC 原理在论述区域经济发展时过于注重生产结构的分析，而忽视或无视对经济发展地域扩展与演化规律性本身的探讨。

（3）由于研究中是从区域角度出发的，各个企业如同棋子般被动地适应规划或计划，企业和各生产基本单元本身的活力没有体现出来。这本是计划经济体制的基本特征和根本弊端，但也通过 TPC 原理表现了出来，这就使得 TPC 原理本身缺乏更大的活力和不能上升到更高的理论高度，这种缺失也限制了该理论在更大的范围内发挥作用[61~73]。

四、区域发展战略

（一）初级产品生产和出口战略

初级产品生产和出口模式的特点是利用本国本地区丰富的自然资源，以发展农业、矿业产品的出口来带动本国本地区经济发展，属外向型经济发展战略。这种发展战略最大的局限性就是严重依赖国际或外部市场，内部经济结构单一，经济具有很大的脆弱性。对于落后地区，由于缺少发展的机会，只有开发某种优势资源才能推动经济发展，所以在发展的初期选择这种战略具有客观必然性。但是，必须寻找新的发展机遇，进行发展战略的升级。

（二）发展进口替代产品产业战略

进口替代模式就是用本国本地区产品替代进口产品的战略。它是处于工业化初期阶段的发展中国家和地区应对国际竞争、发展本国本地现代工业的一种内向型战略。从面向市场的消费品入手，用本国产品替代进口产品，是下游产业的进口替代，如优先发展食品工业、服装工业及轻纺工业等。从生产资料的生产部门如钢铁、化工、机械等产业开始的称为上游产业的进口替代。上游产业的发展需要大量的投资，上游产业开始的进口替代，对技术和劳动力的要求都相应较高，生产的规模一开始就比较大，因此，只有在国家的统一安排下，调集巨大的人力和财力，才有可能实现。

（三）发展出口替代产品战略

出口替代的产业模式，主要含义是用工业制成品的出口来代替农矿产品的出口，并利用劳动力价格低的优势，以廉价的产品打开国际市场。出口替代的类型很多，有的国家以增加本国出口农矿产品的加工深度为主，有的国家以加工外来原料的来料加工型为主。依据加工深度的不同，可将出口替代分为初级出口替代和高级出口替代两种。初级出口替代是指以发展一般技术水平较低的消费品为主的替代战略，如食品、服装、玩具等，高级出口替代是指以发展高档耐用消费品、机械设备、电子仪器等为主。一般来说，各国都会经历一个从初级出口替代向高级出口替代转化的过程。

（四）优先发展赶超部门战略

即工业赶超战略，主张以发展优势工业来带动经济的发展，缩小同发达国家的差距。一个落后的国家或地区，要想在短期内赶上先进国家，就必须大规模发展工业，以工业的快速增长来促进其他产业的增长，实现国家社会的跃进。工业赶超战略的关键是选准优先发展的工业部门。要考虑到发展该部门所需的资金、劳动力、原料来源和产品的市场等。我国选择优先发展现代制造业，印度选择优先发展软件产业，都具有一定的前瞻性。

由于各种理论视角不同，往往强调经济发展中的某些因素而忽略了另外一些因素，致使理论对实践的指导作用难以充分发挥，表现在区域经济发展战略和规划上缺乏整体性与协调性，不具有可持续发展的能力。如资本是区域经济发展的重要因素，但仅仅从这一点出发，很难使区域获得持续发展的动力，且容易导致新的区域招商引资竞争，从而影响区域空间结构优化。因此，本书试图在以往区域经济发展理论的基础上，综合区域发展中的空间要素、产业要素及区域网络要素，提出一个全新的区域经济发展模式，突出区域经济发展的整体性、协调性及可持续性，克服以往理论的片面性。

五、区域发展与区域开发的区别

在西方语言中，"区域发展"与"区域开发"为同一个概念，其基本内涵为：在宏观国民经济增长的背景下，区域经济总量获得增长，人口增加及人均收入水平提高，物质性与社会性的基础设施不断完善，地区间建立合理的经济关系，逐步缩小地区间社会经济发展水平的差异，并以此为目标制定区域政策。而在我国，"区域发展"与"区域开发"两个概念既包括相同的内涵也具有明显的差异。

（一）对象与过程不同

"区域开发"是物质的、有形的、具体的，主要指地区内各类自然资源的开发（包括开采）利用（包括加工），如矿产资源、水资源、能源资源、生物资源等，及其新产业的发展、新产品的制造、新设施的建设与新技术的开发等。而"区域发展"不仅包括物质的、有形的活动，还包括非物质的、抽象的内容，即"区域发展"还包括区域内社会与经济及其产业总量的增长，内部结构与对外经济、技术、社会联系的合理化，社会、经济要素的空间流动及其社会经济发展水平的地区均衡化、人口城镇化与教育文化水平的提高等。

（二）层次不同

"区域发展"概念的外延更加广泛，"区域开发"概念较多地表述国家和地区工业化发展的初期、中期的经济活动，而"区域发展"则全面体现各个发展阶段的社会经济活动，尤其是能确切表述工业化高级阶段和后工业化阶段的社会经济活动，是使地区的社会经济发展更加完善、更加高级的发展活动。区域经济发展模式是区域经济学研究的核心内容，也是目前区域经济学中内容最为丰富的领域。由于研究者视角的差别，形成了关于区域经济发展众多的理论和观点，其中比较有代表性的如点极理论、点轴理论、梯度理论等，从时间、空间、技术等不同角度揭示了区域经济发展的一般规律，为理论的进一步完善奠定了基础，也为区域经济实践提供了指导。

（三）内涵不同

"区域开发"概念较多地体现为由一种状态、一个阶段到另一种状态、另一个阶段的过渡，是一种从无到有的过程，强调"开发"、"促进"、"突变"；而"区域发展"概念强调的是渐进的过程和提高的过程。也就是说，前者具有断面的特征；后者是表述连续的过程，具有历史性的特征。除了上述差异外，"区域开发"所论述的事物内容基本上局限于区域内部，而"区域发展"还涉及较多的区际问题，也就是将研究的区域放在与其有关的区域群体中去考察。尽管在我国"区域开发"与"区域发展"两个概念有以上区别，但它们之间一致的含义仍然是主要的，而且"区域发展"概念的内容可以包涵"区域开发"。区域经济是指某一特定经济区域内部的社会经济活动和诸种经济要素相互关系的总和，是地域性综合经济体系。区域经济发展模式是一个历史概念，它随着一国或地区发展的时期、经济制度及政策环境、经济发展战略等因素的不同而不同。发展区域经济的目的和实质在于按地区合理配置社会资源，特别是合理配置社会劳动，以提高经济增长的质量和效益；同时，建立以区域为中心的层次不同、规模不等、各具特点的经济区网络，最大限度地形成全国的整体优势，促进国民经济持续、稳定、协调的发展。而区域经济发展模式就是对区域在一定历史条件下的经济发展特征、经济发展过程及其内在机理的高度概括，是经过长时期的实践形成的较为固定的发展定式，是实践经验在理论上的升华。按照区域经济发展模式形成的源流，并根据世界上不同国家区域经济发展实践的总结，可以分为三类发展模式：区域经济发展的组织模式、区域经济发展的产业模式和区域经济发展的空间模式。

　　此外，"区域开发"所论述的事物基本上局限于区域内部，而"区域发展"还涉及较多的区际问题，即将研究的区域放在与其有关的区域群体中分析。从政策角度来看，一般指"区域发展政策"，简称"区域政策"。虽然在我国"区域开发"与"区域发展"两个概念有上述区别，但两者之间一致的含义仍然是主要的。

第三章 甘肃省与伊尔库茨克州自然资源和社会经济现状对比

目前，俄罗斯和中国都在致力于加快经济结构的调整，进一步加强国际沟通与合作，采取有效措施，最大限度地消减国际金融危机带来的影响。中俄两国贸易合作发展势头良好，取得了一些成绩，但也存在许多问题。为适应中俄两国政治、经济政策变化的新形势，认真研究中俄两国的有关政策、探索经贸合作的新方式势在必行。我们根据新的国际形势的变化，从中俄两国在世界经济格局中的地位、相对比较优势以及中俄两国经济发展战略的角度来分析中俄两国贸易合作活动，我们认为中国未来几年内应进一步加大对俄贸易直接投资力度，实行跨国经营，逐步形成跨境合作的贸易产业链，同时，采取灵活多样的经贸合作形式与策略，实现对中俄经贸合作的双赢，这是保障中俄政治经济合作富有成效的可行途径。

第一节 甘肃与伊尔库茨克自然资源禀赋对比

一、甘肃自然状况

甘肃省位于北纬 32°11′~42°57′、东经 92°13′~108°46′之间，地处中国东部湿润森林草原向西部干旱荒漠草原与高寒荒漠草甸草原的过渡带，也为华北、华中、西北与青藏高原交错毗邻区，以及东部农业区与西部游牧畜牧区的过渡带，自然条件复杂多样，具有明显的过渡性。

（一）地质与地貌

甘肃省地处黄土高原、青藏高原和蒙古高原三大高原交汇地带，甘肃是以高原、山地为主的省区。境内地形复杂，山脉纵横交错，海拔相差悬殊，高山、盆地、平川、沙漠和戈壁等兼而有之，是山地型高原地貌。甘肃从东南到西北包括了北亚热带湿润区到高寒区、干旱区的各种气候类型。甘肃全省可分为陇南山地、陇中黄土高原、甘南高原、祁连山地、河西走廊、北山山地等六类地形区。地势西南部特高,海拔 3000 米以上,包括阿尔金山东段、祁连山大部、甘南高原及岷迭山原,占全省面积的 20.2%,其中有海拔 4500 米以上的山峰,多现代冰川,高山草甸草原为夏季天然牧场,最高峰为甘、青两省的界山祁连山主峰团结峰,海拔 5808 米;而东、北、西三面均低于千米,最低点在陇南白龙江中游文县罐子沟,海拔仅 550 米。全省地势呈阶梯状下降,分为明显的三级地势区。高原、中低山海拔低于 2000 米,包括陇中黄土高原、陇南山地及河西走廊与北山大部,占全省面积的 59.2%,土地利用程度高,人口最多。尤以河西绿洲与东部各河谷川台地为甘肃省开发利用及经济发展精华之所在。其中东部外流区各河流的中下游谷地,由于纬度和海拔均低,气温高,属亚热带和暖温带气候,适于多种经济作物的种植①。

(二) 气候

甘肃深居内陆,具有明显的温带大陆性季风气候,气候类型十分复杂,大致由陇南的北亚热带与暖温带湿润区,渐向陇中暖温带半湿润与温带半干旱区,河西温带、暖温带干旱区及祁连山地高寒半干旱、半湿润区,甘南高寒湿润区过渡。冬春干旱而少酷寒,夏季多暴雨而冷暖变化大,年降水变化率大。南部的文县、武都年均温在 15℃ 左右,北部的景泰、金塔在 8℃ 左右,海拔 3000 米以上的乌鞘岭低于 0℃。10℃ 以上活动积温,陇南南端在 4500℃ 以上,陇南北端各河谷及河西走廊西部多在 3000℃ 以上,祁连山区及甘南高原则在 2000℃ 以下,其余部分在 2000℃ ~3000℃。全省气温年较差和日较差均大,河西日较差达 12℃ ~16℃。全省最低温 −33.7℃ 与最高温 42.8℃ 均出现在河西西部。降水的年变化和地区变化更大,年降水量从东南的 807.5 毫米到西北减为 36.8 毫米,省境口最大降水量为 25 ~190 毫米。甘肃省光照足,热量大。除陇中南部外,年日照时数达 2400 小时以上,河西大部逾 3200 小时。但不同地区内有不同程度的灾害性天气,如河西的大风、沙暴及干热风,陇中的干旱、冰雹、霜冻等,常给农业带来危害。

(三) 植被与土壤

甘肃植被、土壤类型复杂多样,陇南山地针阔叶混交林下,发育着黄褐土。其中,在徽成盆地以北的中心丘陵地带分布有山地褐色土和山地棕壤;陇东黄土

---

① 本书中甘肃省各项数据均来源于历年《中国统计年鉴》和《甘肃省统计年鉴》。

高原广大塬区及其边缘台地区植被为森林草原和草原，但由于大都已被开发利用，天然植被保存无几；陇中地区植被则属草原向荒漠草原的过渡类型，兼有荒漠草原和草原，发育灰钙土，唯兴隆山、马衔山分布有云杉和山杨林等；河西走廊一带多属荒漠和半荒漠，土壤以灰棕荒漠土为主。河西走廊嘉峪关以西植被更为稀疏，土壤多属棕色荒漠土；甘南高原属温带森林草原垂直带向高寒草原过渡带，发育山地草甸土和山地草甸土。此外，在省境各大河谷平原和地下水位较高的地区还发育有草甸土和沼泽土，在陇东南河谷地带尚有水稻土，北部和西北部靠近沙漠地带则有风沙土等。境内有秦岭、祁连山地、甘南高原以及兴隆山和马衔山等山体植被，土壤垂直变化则因山地所处自然环境的不同而有所不同。

（四）水文

甘肃省水资源主要分属黄河、长江、内陆河 3 个流域的 9 个水系。黄河流域有洮河、湟河、黄河干流（包括大夏河、庄浪河、祖厉河及其他直接入黄河干流的小支流）、渭河、泾河等 5 个水系；长江流域有嘉陵江水系；内陆河流域有石羊河、黑河、疏勒河（含苏干湖水系）3 个水系。甘肃省自产地表水资源量286.2 亿立方米，纯地下水 8.7 亿立方米，自产水资源总量约 294.9 亿立方米，人均 1150 立方米。全省河流年总径流量 415.8 亿立方米，其中 1 亿立方米以上的河流有 78 条。黄河流域除黄河干流纵贯省境中部外，支流就有 36 条。该流域面积大、水利条件优越。但流域内绝大部分地区为黄土覆盖，植被稀疏，水土流失严重，河流含沙量大。长江水系包括省境东南部嘉陵江上源支流的白龙江和西汉水，水源充足，年内变化稳定，冬季不封冻，河道坡降大，且多峡谷，蕴藏有丰富的水能资源。内陆河流域包括石羊河、黑河和疏勒河 3 个水系，有 15 条支流，年总地表径流量 174.5 亿立方米，流域面积 27 万平方公里。河流大部源头出于祁连山，北流和西流注入内陆湖泊或消失于沙漠戈壁之中，具有流程短、上游水量大水流急、下游河谷浅水量小、河床多变等特点，但水量较稳定，蕴藏有丰富的水能资源。但地面水地区分布不均，省境黄河流域占全省径流总量的62.4%，长江流域占 20.3%，而占全省土地面积 61.6% 的内陆流域仅占 17.3%。且季节变化较大，一般 6~9 月为洪水期，约占年总水量的 60%，冬春旱季为枯水期，小河多断流。甘肃省河流年输沙总量达 6.51 亿吨，90% 集中于陇中黄土区，水土流失严重。甘肃省年径流量在 1 亿立方米以上的河流共有 30 多条，为甘肃省主要的水利资源，现已发展灌溉地达 86.3 万多公顷，约占全省耕地面积的 24.3%。地下水较丰富，仅主要农牧区就有净储量 1.4 万亿余立方米，动储量有 68 亿多立方米，居全国第 10 位，可能利用开发容量 1068.89 万千瓦，年发电量 492.98 亿千瓦小时。

（五）矿产资源

甘肃是矿产资源比较丰富的省份之一，矿业开发已成为甘肃的重要经济支柱。境内成矿地质条件优越，矿产资源较为丰富。截至 2006 年年底已发现各类矿产 173 种（含亚矿种），占全国已发现矿种数的 74%。甘肃省查明矿产资源的矿种数有 97 种，其中，能源矿产 7 种，金属矿产 35 种，非金属矿产 53 种，水气矿产 2 种。列入《甘肃省矿产资源储量表》的固体矿产地 891 处（含伴生矿产），其中大型矿床 77 个、中型 202 个、小型 612 个。据全国主要矿产资源储量通报（2005），在查明矿产资源储量的矿种中，甘肃省位列全国第一位的矿产有10 种，前五位的有 25 种，前十位的有 49 种，拥有亚洲最大的金矿——甘肃阳山金矿。据悉，阳山金矿累计探获黄金资源量 308 吨，是亚洲最大类卡林型金矿。据估算，阳山金矿已探明的黄金资源量潜在经济价值达 500 亿元。

二、伊尔库茨克州自然状况

伊尔库茨克州位于中西伯利亚高原南部、贝加尔湖以西。其南部和东南部与布里亚特共和国相邻，西南与图瓦共和国相邻，西部及西北部与克拉斯诺亚尔斯克相邻，北部、东北部及东部与萨哈共和国相邻、东部与赤塔州相连，面积76.79 万平方公里，2010 年人口 250.27 万，俄罗斯人占 87%，次为乌克兰、白俄罗斯、鞑靼人等[①]。

首府伊尔库茨克，辖乌斯季奥尔登斯基布里亚特自治区，伊尔库茨克州境内森林土壤丰富，3/4 的土地覆盖着针叶林。伊尔库茨克州行政区划为 33 个区、14个州属城市、8 个区属城市、59 个镇、380 个农村行政管理机构。州的中心城市伊尔库茨克，成立于 1686 年，距莫斯科 5042 公里。主要城市有：伊尔库茨克、安加尔斯克、布拉克。特大城市有伊尔库茨克、安加尔斯克、布拉茨克、乌斯季—伊利姆斯基、乌索里耶。

（一）自然状况

伊尔库茨克州主要地貌为台地，并向北部和西北部稍微下倾。在该州南部是广阔的哈马尔达坂峰和东萨彦岭。最高点位于科达尔山顶峰，海拔 2999 米。最低点位于贝加尔湖湖底，邻近奥利洪导，海拔零下 1181 米。伊尔库茨克州的总

---

① 本书中伊尔库茨克州各项数据均来源于历年《俄罗斯联邦统计年鉴》和《伊尔库茨克州统计年鉴》。

高度差为 4180 米。首府伊尔库茨克，辖乌斯季奥尔登斯基布里亚特自治区，大部为山地，平均海拔 500～700 米。北、中部为中西伯利亚高原的一部分。西南为东萨彦岭，东为贝加尔湖沿岸山脉和斯塔诺夫高原。在该州的土地上集中了储量巨大的金矿及烃原料、稀有金属（铌、钽、锂、铷）、47 种贵重及彩色装饰石头（天青石、查拉石等）、食用盐和钾盐、铁、锰、钛、矿物建筑材料（菱镁矿、白云石等），贝加尔湖拥有地球上所有淡水的 20% 和丰富的自然资源。

（二）气候特点

伊尔库茨克，东西伯利亚第二大城市，位于贝加尔湖北端。安加拉河与伊尔库茨克河的交汇处。人口约 80 万，属大陆性气候，严寒期长，被称为"西伯利亚的心脏"、"东方巴黎"、"西伯利亚的明珠"，市中心与居民区间以天然白桦林连接着。伊尔库茨克市海拔 467 米；1 月份平均气温 -20°，7 月份平均气温 17°。较莫斯科时间早 5 小时，这里年均降水量约 400 毫米。由于受贝加尔湖调节，1 月平均气温为 -15℃，6 月平均气温为 19℃，属大陆性气候，1 月平均温度从南部地区的 -15℃到北部地区的 -33℃；6 月的平均温度从北部的 17℃到南部的 19℃，降水量北部和山区约 400 毫米，有多年的冻土带。

（三）植被与土壤

伊尔库茨克州境内森林土壤丰富，大约有 76% 的面积被森林覆盖，木材储量达 92 亿立方米，占俄罗斯木材储量的 10% 以上。伊尔库茨克州是俄罗斯大型的木材基地——在俄罗斯仅次于克拉斯诺亚尔斯克边疆区之后而排第二位。而质量指标——良种树的储备集中性及开发利用程度都是非常出色的。现有林地总面积 6900 万公顷，其中有林地面积 6300 万公顷；成熟和过熟林面积 2700 万公顷，占林地面积的 43%。森林蓄积量超过 90 亿立方米，其中成、过熟林蓄积量 50 亿立方米。林木资源以针叶树为主，占总蓄积的 77%。树种以樟子松（30%）和落叶松（30%）为主，此外是白松、冷杉和红松。

（四）水文

有丰富的水资源、能源和人力资源以及良好的交通条件，有世界上蓄水量最大的淡水湖——贝加尔湖，还有 229 个其他湖泊，6.5 万多条河流，3 个水库，水域总面积超过 4 万平方公里。主要河流有叶尼塞河流域（安加拉、下通古斯卡河）和勒拿河（维季姆河、基列加河），贝加尔湖位于州境内。伊尔库茨克州总的水电能资源潜在储量在 2000 亿～2500 亿千瓦/小时每年，其中理论上可利用的资源大约在 1900 亿千瓦/小时每年。伊尔库茨克州已建立了三个水力发电站，其中，在安加尔总功率为 9.1 千兆瓦、年生产电能在 500 亿千瓦/小时的电站；在曼马干区（维季母河支流）的水电站，功率在 100 兆瓦左右，年产电高达 4 亿千瓦/小时。

（五）矿产资源

在该州集中了储量巨大的金矿及烃原料、稀有金属（铌、钽、锂、铷）、47 种贵重及彩色装饰石头（天青石、查拉石等）、食用盐和钾盐、铁、锰、钛、矿物建筑材料（菱镁矿、白云石等）。可以开发勘测煤矿、宝石及钾盐、烃原料、耐火土以及用于生产建材的广谱原料、铁矿、矿物肥料。在伊尔库茨克州的地质褶皱区内有优质的勒拿河金矿区、马姆斯科—楚伊斯克蕴涵云母的矿区、东萨扬斯克稀有金属矿区以及各种采矿及矿物化学原料区在这个区内有滑石粉、水泥、石灰岩、镶面石、宝石原料、用于冶金业的非矿物原料及其他原料。此外，在伊尔库茨克州还发现了锰、金刚石、多金属矿、锡、天然硫以及现有的优质传统矿物原料产地，可以开发勘测煤矿、宝石及钾盐、烃原料、耐火土以及用于生产建材的广谱原料、铁矿、矿物肥料。

第二节　资源对两地社会经济状况的影响

一、自然资源在两地区域发展中的地位

无论哪种社会制度或哪个发展阶段，经济发展都是以经济增长为首要物质基础和中心内容。经济增长与资源有着紧密的联系，一个国家资源的数量多少和质量好坏将直接影响到整个国家的经济发展。一个国家或者地区的经济增长离不开资源的需求和供给。随着经济日益发展，经济增长对资源的需求有所增加，反过来，资源和数量的多少与质量的好坏将直接影响到这个国家或地区的经济增长，所以说经济增长和资源的关系是成正比的。

（一）资源在区域经济发展中的地位

1. 区域经济发展的前景取决于该区域的自然资源状况。丰富的自然资源是区域经济增长的基础。一是自然资源丰富的地区短期能够实现跨越式发展。相比资源贫瘠的地区，富饶的自然资源宝藏在促进区域经济快速发展方面作用明显，资源丰富地区经济发展基础好，财富积累相对较快，中东地区由于石油资源丰富

而快速发展、富甲一方就是这方面的明显例证。二是比较容易形成和培育主导产业。由于资源优势明显，域内资金和外部资金投资领域相对集中，特色优势产业很容易被确定和进一步发展，主导产业对地方经济的带动辐射作用突出。三是资源的运输、交易成本低，发展相关后续工业的成本优势明显，如果能够控制甚至垄断一种或多种资源，以及相关产品的市场价格，对其他地区发展的影响将更加突出。四是容易形成相对固定的发展氛围。与资源开采和初加工相关的熟练技术工人资源丰富，同时长期相对固定的工作、生活环境容易形成具有一定特色的文化氛围，这对凝聚人心、推动地方发展非常有利。

2. 资源型经济是国民经济的主要动力。主要体现在两方面：一方面，拥有资源丰富的城市或地区可以向其他相对缺少该资源的城市或地区提供所需的资源，这样就可以推动各个地区的经济得到平衡稳定快速的发展；另一方面，一些资源丰富的城市可以建立现代化产业体系，工业城市本身就是资源相对集中的城市或者以资源型城市为依托发展建立起来的，这些资源型城市对现代化工业体系的发展建设具有很大的推动作用。

3. 以资源为基础的资源型经济是拉动国民经济的主要动力。一是资源型地区以"剪刀差"的形式向国家提供大量廉价资源性产品，确保了在低物价、低通货膨胀情况下，国民经济的快速发展，有力地支持了国民经济建设。二是确立大国地位的基础和前提。资源型城市的崛起和发展，不但大大节省了进口原材料的大量外汇支出，增强了经济实力，而且资源储备相对齐全，特别是拥有相当数量的稀缺资源，对今后的快速发展和减少对国外资源的过度依赖也具有十分重要的意义。

（二）资源在区域经济增长中的作用

资源是社会经济增长的物质基础，在农业经济和工业经济时代，自然资源对区域经济的发展起着重要的作用。在知识经济时代，知识和技术已成为区域经济增长的内在核心因素，但自然资源在区域经济增长中的地位和作用是其他要素无法替代的，它仍是区域发展和产业分工的重要基础。因此，正确认识自然资源在知识经济时代对区域经济增长的作用，对较好地协调区域发展要素、合理配置区域资源、实行科学决策、促进区域经济的发展具有重要意义。自然资源对区域经济增长的重要作用主要体现在以下四个方面[74~82]：

1. 资源影响着经济增长的速度。丰富优质的资源能保障经济持续、稳定地增长，从而使得整个社会经济发展有一个稳定的基础；反之，资源短缺、开发利用难度大且质量差，经济发展就会受到严重限制，整个社会经济系统也会受到较大的影响。在农业经济占主导地位时期，狩猎、捕鱼、耕种和放牧等农业生产方式直接依赖于自然资源,特别是共用自然资源如水、土、光、热等,它们的地理分布特征直接决定着农业经济类型的区域差异,而其数量、质量和结构又制约着农业生产水平的提高。在工业发展的初期,以冶炼、烧制和纺织为主的手工业在促进农业经济发展的同时,又受制于矿产资源或棉、丝、毛等农副产品,最终受制于自然资源的数量、质量、分布与特征。该时期的主导产业门类属自然资源密集型的产业门类,其经济增长速度严格受制于资源的丰度及结构等。随着边际成本逐渐增长到与边际效益相等时,经济发展将非常缓慢甚至停滞不前,要求人们对自然资源进行深度开发。在工业化中后期,在那些具有丰富矿产资源的地区,产业结构的演进、形成和发展直接受制于矿产资源开采规模及其比重,以及资源就地利用率的高低和进一步深加工的程度等,而对那些缺乏矿产资源的地区,其工业经济高度发展往往具备区位优势等优越条件。这一时期的经济增长速度主要受制于资源的深度开发,同时也受制于诸如区位、社会经济、技术水平等其他因素的影响[74~82]。

2. 资源影响着经济发展格局。经济的发展格局包括经济体系中产业的构成及其相互关系,即产业结构以及生产力的时空布局。自然资源结构对产业结构的制约作用,在时间尺度上表现为对产业结构演进的制约作用,也即对经济增长速度的影响;在空间尺度上,则表现为对产业结构的形成与分布的制约作用。

3. 资源影响着劳动生产率和劳动的地域分工。良好的自然资源条件有利于劳动生产率的提高;反之亦然。马克思把这种由于较好的自然条件和自然资源而增加的生产力称为以自然为条件的劳动生产力[74]。自然资源区域分布的不均衡是客观存在的,正是这种自然资源分布的区域差异形成了劳动地域分工的自然基础,对区域劳动生产率的巨大影响必然导致对劳动地域分工的影响[75]。随着市场经济的不断深入发展,区域间的经济联系日益密切,能否充分发挥区域优势组织商品生产,就成为决定区域发展成败的关键。那些自然条件优越、产品成本较低的区域生产的有关商品必然向相应的自然条件与自然资源不利、生产成本较高的区域流动,从而逐步形成一定规模的劳动地域分工[74~82]。

4. 自然资源影响着区域产业结构。影响区域产业结构的因素是多方面的,自然资源对其的影响是非常重要的,其往往成为区域产业结构形成与发展的物质基础,特别是在区域开发的初期,自然资源是影响区域产业形成与产业结构的决定性因素[21]。一方面,在自然资源特别是工业自然资源富集、自然资源组合良好的区域,区域产业结构是以自然资源可开发利用为基础形成的,随着区域自然资源的不断开发和经济发展水平的不断提高,自然资源对区域产业结构演变和升级的影响与制约作用也逐步加强。另一方面,在自然资源特别是矿产资源、能源资源贫乏的区域,产业结构的形成与发展往往更多地依赖区位、交通、科技、信息和市场等条件。总之，自然资源对区域产业发展的影响作用是不可忽视的[74~82]。

二、两地资源禀赋与区位选择

对于资源密集型地区而言，资源型产业对推动当地经济社会发展具有重要作用，在长期经济发展过程中，由于显著的矿产资源优势，为了减少原料运输量和降低生产成本，借助于国家的大力扶持，一般选择资源富集区作为资源产业建设的基地，因此，资源富集区重工业发展迅猛，发展成为主导产业，作为产业基础和技术优势的产业部门，并通过加强对资源的开发利用，促进了后续原材料工业的发展，资源型产业对区域经济发展起着巨大的促进作用。

（一）甘肃省资源禀赋与区位选择

甘肃省各种矿产资源储量丰富，风能、太阳能资源得天独厚，开发条件相当优越，截至 2010 年年底，已发现各类矿产 173 种（含亚种，下同），已探明资源储量的矿产 97 种，其中，能源矿产 7 种，金属矿产 35 种，非金属矿产 53 种，水气矿产 2 种。在已查明资源储量的矿产中，居全国第一位的有 10 种，为镍、钴、铂、钯、锇、铱、钌、铑、硒和铸型粘土；居全国第二位的有 3 种，为铬、铍、普通萤石；居全国第三位的有 4 种，为锌、金、碲、红柱石；居全国第四位的有 3 种，为铅、冶金用石英岩、重晶石；居全国第五位的有 5 种，为锑、钒、芒硝、稀土、水泥配料用砂。从 20 世纪 50 年代开始，工业化是甘肃经济增长的主要动力，三大传统优势产业——能源化工业、矿产冶金业和农牧产品加工业都是依托甘肃省较为丰富的资源优势而发展的，目前已形成了独具特色的工业体系和农牧业经营体系，成为甘肃最具竞争力的三大特色产业。以资源开发为主的工业体系迅速发展，矿产资源丰富、交通方便的地区，工业先获得快速发展，成为区域的经济中心，并且进一步吸引大量流动人口在此聚集，使相关服务业得到发展，逐步成为城镇或工矿城市。该阶段的空间格局特点主要表现在区域发展呈现出较强的核心—边缘格局，工业发展的空间差异及其演变与经济空间结构的演变呈现出紧密的空间耦合关系，资源开发空间分布格局如下。

河西地区以金昌、嘉峪关—酒泉矿业基地为依托，以钢铁、有色金属、稀贵金属及油气资源勘查开发为重点，加大铁、铜镍、钨及优势非金属开发利用强度，调整产品结构，提高采选冶加工技术，延伸产业链。

中部地区要充分发挥区位和人才优势，依靠兰州、白银矿业基地，大力提升矿产资源采、选、冶和有色金属产品等深加工技术水平，延伸产业链，整合开发，改善资源利用结构和效益。

陇东地区以石油、煤炭勘查开发为主导，着力发展石油、天然气产业，加快宁—正煤田、庆阳煤田的勘查开发进程，建成甘肃能源、化工基地。

南部地区要发挥优势矿山企业的主导作用，加强资源整合，实施企业重组。加大礼县—岷县、两当—徽县、文县及甘南州等地区的金矿勘查开发力度，重点开展阳山、寨上、李坝、马泉等大中型和难选冶金矿的技术攻关，注重文县石灰岩、重晶石和硅石资源开发，建设铁合金、硅锰合金基地，高度重视矿山地质环境保护工作。

（二）伊尔库茨克资源禀赋与区位选择

伊尔库茨克州是俄罗斯自然资源最丰富的地区之一：俄罗斯森林资源的11%、黄金储量的11%、石油天然气储量的7%及煤炭储量的7%均集中分布在伊尔库茨克州，有744个矿藏被列入国家级矿藏清单中。俄罗斯53%的合成树脂、塑料，45%的聚氯乙烯，34%的铝，30%的纸浆，10%的成品油及6%的能源，均产自伊尔库茨克州。由于得益于本地区丰富的资源潜力以及减少原料运输和降低生产成本的需求，伊尔库茨克州形成了强大的工业基地，有伊尔库茨克中部区域性生产综合体和布拉茨克—乌斯季伊利姆地区生产综合体，工业企业主要涉及能源动力、矿山开采、森林工业、化工等。同时，该州的铝业发展尤其迅速，机械制造业在工业中占比也很高。其中燃料动力工业、森林工业、石油化工和有色冶金为主导产业。伊尔库茨克州工业发展处于初期阶段，在工业生产结构中，比重最大的是有色金属（27.4%）、森林工业综合体（20.9%）、电力（13%）、机械制造业（11.1%）、化工（11%）、燃料工业（5.5%）、饮食业（5.5%）和黑色金属工业（2.9%），该阶段的空间格局特点主要表现在区域发展呈现出较强的核心—边缘格局，经济发展较快的地区，同时也是资源比较富集的地区，如安加尔斯克、布拉茨克、萨扬斯克、乌索里耶—西比尔斯克，地区差异较大，现有的燃料能源、木材及矿产资源决定了其工业综合体的特点。

北部地区依托石油、天然气，黄金等丰富的自然资源，以 Верхмечонское（verkhnechonskoye）为中心，开发石油、天然气、黄金，建设天然气化工中心和黄金开采中心，建设塔拉堪—乌斯基库特石油输送管道和查雅达—科维克塔天然气输送管道。

中部近安加拉地区依托布拉茨克铝厂（BRAZ）（世界上最大的原始铝生产厂家铝工业企业）、西伯利亚—乌拉尔公司伊尔库茨克铝制品分公司（俄罗斯制铝工业中的主导企业之一）、科尔舒诺沃选矿企业以及硅冶金和硅合金生产企业等龙头企业，建设新的铝厂、钢铁厂，重组和扩大现有生产能力以及终端产品生产的发展（型材、包装材料及其他铝制品）；依托丰富的森林资源，以"布拉茨综合集团"股份公司、"乌斯奇—伊里姆斯克林业康采恩"股份责任公司、贝加尔ЦБК纸浆联合体等为主导发展，大力发展森林采伐业和加工业（含纸浆加工生产）。

中央地区上马尔科沃油气冷凝液储量超过2亿吨，Kovykta凝析气储量为2万亿吨立方米，州政府计划在本地区建立大型天然气化学工业综合体，分离贵重元素，并在此基础上生产聚合物和其他化学产品。

近萨彦斯克区的西伯利亚煤炭能源公司分公司，从事褐煤开采以及烟煤的开采和精选，大力发展热电站和水电，并计划大力发展石油、天然气和煤化工中心，发展汽车组装、日用陶瓷、建设材料等进口替代工业。

伊尔库茨克市已有300多年历史，1970年因拥有代表意义的建筑文物被列入历史文化名城。贝加尔地区独特的旅游资源是未被破坏的自然景观，拥有一家山地滑雪疗养地和6家山地滑雪基地，该地区借助旅游资源优势大力发展人文景观、滑雪等旅游畜牧业。

第三节　甘肃省与伊尔库茨克州社会经济现状对比分析

一、甘肃经济社会发展状况

甘肃省总土地面积45.44万平方公里（据国务院勘界结果为42.58万平方公里），居全国第7位，折合6.8亿亩。其中，农用地为3.81亿亩，建设用地为0.14亿亩，人均占有土地26.31亩，人均占有耕地2.71亩，比全国人均占有量高出一倍多。山地多，平地少，全省山地和丘陵占总土地面积的78.2%，全省土地利用率为56.93%，尚未利用的土地有28681.4万亩，占全省总土地面积的42.05%，包括沙漠、戈壁、高寒石山、裸岩、低洼盐碱、沼泽等。

（一）行政区划及城市体系

甘肃省总人口2618万，其中农村人口占71.39%，达1869万。省会为兰州，是中国西北区域中心城市，位于中国陆域版图的几何中心，兰州是唯一黄河穿城而过的省会城市，面积45.5万平方公里，占全国总面积的4.72%，人口2710万。主要工业城市有兰州、嘉峪关、金昌、白银、天水。

（二）主要经济部门发展状况

1. 工业。甘肃工业基础雄厚，逐步形成了完整的工业体系，新中国成立以来，甘肃工业不断发展，取得了巨大成就，已初步建成工业结构比较合理、门类比较齐全、拥有比较雄厚物质技术基础的工业基地。冶金、能源、石油、化工、机械、建材、轻纺等行业已成为甘肃工业的重要支柱。1991年，全省有工业企业6697个，其中大中型骨干企业170个。工业总产值292.2亿元，重工业产值215.8亿元，轻工业产值76.4亿元。一批大中型工业企业和地方小企业的建设、发展，为国民经济的发展提供了条件。甘肃是全国著名的有色金属之乡，已形成铜、铝、镍、铅、锌从采选、冶炼到加工一条龙生产体系。甘肃的石油化工具有雄厚实力，从地质勘探、石油开采、矿山建设到原油、橡胶加工、化肥、农药、涂料颜料、有机化工原工原料、化学医药生产都有很大发展。目前已形成多部门、多行业、多层次、分布广泛、技术先进的以石油化工为中心的生产体系。在技术上，大中型石化企业保持了国内先进水平，油田原油采收技术接近世界先进水平。甘肃机械工业已形成石油化工机械、矿山设备、动力设备、轴承、机床、仪器仪表、电子、电影机械、农业机械等多品种的综合机械工业部门，成为全省最大的工业部门。兰州石油化工机械工业公司是中国最大的石化设备制造中心，全国各油田1/2以上的石油钻采设备都是这里生产的。甘肃的轻纺工业近年来发展步伐加快，毛纺、棉纺、针织、皮革制造、日用品生产等行业研制、开发和生产了许多新、优产品，具有广阔的发展前景。

2. 农业。新中国成立以来，特别是改革开放以来，历届省委、省政府始终把农业放在经济工作的首位，坚持改变农业基本条件和实施科教兴农不动摇，按照三大块（河西、沿黄、城郊等一些条件较好的地方奔小康，进而向富裕型小康迈进；中部一些地方在稳定解决温饱的基础上，向小康迈进；高寒阴湿和少数民族地区打好扶贫攻坚战）和五个类型区（河西及沿黄灌溉区、黄土高原湿润半湿润区、中部干旱半干旱区、陇南山区和高寒阴湿区），实行分类指导，使农业和农村经济找到了一条具有自己特色的发展道路，种植结构不断调整，优质特色产业比重上升。粮食、甜菜、大麻面积减少，棉花、油料、烤烟、药材、蔬菜面积增加；全省灌溉面积达到1700万亩，水平梯田超过2000万亩，人均基本农田达到1.5亩。目前甘肃农业和农村经济正在由温饱型向小康型、由自给半自给的自然经济向市场经济、由传统农业向现代农业转变，还存在农业基础比较薄弱、农业发展受水的制约较大、科技推广的深度和广度还不够、农业的市场化程度比较低、农业发展资金不足等诸多的困难和问题。面向21世纪，甘肃农业将紧紧抓住西部大开发的良好机遇，以开放、开发促发展，充分发挥自身优势，挖掘内部潜力，促进对外交流与合作，搞好资源深度开发，全方位增值增效。

3. 外贸与投资。甘肃地处西北内陆腹地，具有其独特的区位优势，以兰州为轴心，可以辐射到青海、宁夏、内蒙古、新疆、陕西、四川和内蒙古等省区，总人口超过 2 亿人，市场潜力巨大。国内外的投资客商也非常关注甘肃在这方面的条件和优势，一些大型的消费品生产厂家纷纷到甘肃省考察投资环境和市场状况，利用外商直接投资规模开始进一步扩大。截至 2010 年年底，甘肃省外商投资企业首次突破 2000 家，达到了 2016 家。最多的前五个行业是制造业、批发零售业、房地产经营、电力、燃气及水的生产和供应业；制造业成为外资青睐的主要领域，批发零售业、商务服务及租赁业、居民服务业等八大行业投资快速增长。注册资本排名前五的行业是电力、燃气及水的生产和供应业、制造业、批发零售业、房地产业、农林牧渔业。

2010 年甘肃省实现进出口总额 29727.6 亿美元，同比增长 34.7%，进出口总值全国排名 27 位，西部十二省（区）居第 8 位。资源性产品进口大幅增长，呈现量价齐升态势，2010 年，甘肃省矿产品进口总值 36 亿美元，增长 65.2%，占全省进出口值的 49.2%。其中，铜矿砂及其精矿进口 21.7 亿美元，总值增长 68.50%；镍矿砂及其精矿 5.9 亿美元，总值增长 41.01%；主要进口矿产金额 31.7 亿美元，占全省进出口额的 43.2%。

（三）交通基础设施

甘肃是西北的纽带，新中国成立以来，甘肃的基础设施建设取得了很大的成就，改革开放以来发展更加迅速。交通运输已形成了以兰州为中心的陇海、兰新、包兰、兰青等铁路干线和纵横交错的公路网络，同时还扩建了兰州中川机场和敦煌机场。邮电通信业近年来发展尤为迅速，全面实现了干线传输数字化，建成开通了北京—呼和浩特—银川—兰州—西宁—拉萨、西安—兰州—乌鲁木齐、兰州—成都三条通讯光缆干线和覆盖全省的以光缆为主、数字微波和卫星传输为辅的电信基础传输网络，通信条件明显改善。

兰州是全国的地理中心和交通枢纽。全省的铁路、公路、航空交通网已经形成，铁路从东到西纵贯全省，陇海、兰新、包兰、兰青四大干线，以兰州为枢纽连接着周围邻省。铁路干支线和专线总长里程 3600 多公里，营业里程 3480 多公里，尤其是东起中国连云港，经兰州、乌鲁木齐，西出阿拉山口与西伯利亚大铁路汇合，全长 11000 多公里的欧亚大陆桥的沟通，把包括甘肃在内的中国辽阔的内陆地带变成了国际通道。甘肃公路纵横交错，交通运输四通八达，公路通车里程 3.4 万公里，公路运输站点分布全省各个角落。航空运输已开辟了省内外 20 多条航线，通航里程达 35700 多公里。邮电通信的发展为甘肃经济建设创造了条件，兰州已成为西北五省区的长途电信交换中心。

（四）科技教育

目前，甘肃省省级科研机构、高校拥有 50 万元以上大型科学仪器设备共 70 台套，在重点实验室、工程中心，植物、动物、微生物种质资源保存机构从业的高层次科技人才有 1419 人，所属研究实验基地共 46 个，研究实验基地所拥有的科研仪器设备共 19771 台。建立甘肃省特色种质资源数据平台，服务甘肃经济社会建设，配合科技部 863 计划项目由省科学院生物所负责甘肃省工业微生物资源建设等工作，为行业科技创新服务平台建设提供了坚实数据和信息。

二、伊尔库茨克经济社会发展状况

（一）行政区划及城市体系

伊尔库茨克州行政区划为 33 个区、14 个州属城市、8 个区属城市、59 个镇、380 个农村行政管理机构。10 万人以上的城市有伊尔库茨克、安加尔斯克和布拉茨克。中心城市是伊尔库茨克市，成立于 1686 年，距莫斯科 5042 公里，1987 年全市居民人口为 60.9 万人，1994 年为 63.9 万人，2005 年为 53.1 万人，2009 年为 58.07 万人；城市划分为 5 个小区，即基洛夫区、库贝申夫斯克区、列宁区、十月区和斯维尔特罗夫斯克区。伊尔库茨克州主要城市有伊尔库茨克、安加尔斯克、布拉茨克。特大城市有伊尔库茨克、安加尔斯克、布拉茨克、乌斯季—伊利姆斯基、乌索里耶。

（二）主要经济状况

1. 工业。伊尔库茨克市是西伯利亚唯一的大工业城市，机械制作、制材、家具、食品、建设等产业发达，建有大型炼铝厂和电缆厂，拥有向世界供应毛皮的传统产业，特别是黑貂皮举世闻名。伊尔库茨克州现有的燃料能源、木材及矿产资源决定了其工业综合体的特点，大约有 4500 个大中小型企业，集中了 60% 以上的基本生产资金，拥有占本州劳动人口大约半数的人。

伊尔库茨克州森林利用量占俄罗斯第一位，木材采伐几乎占东西伯利亚木材产量的 1/2，人均出口木材的数量超过了俄罗斯平均指数的 5 倍。伊尔库茨克州 15.9% 的商品是由木材综合体生产的，占俄罗斯硬纸板生产的 11%、纸浆生产的 51%。大型企业有"布拉茨综合集团"股份公司、"乌斯奇—伊里姆斯克林业康采恩"股份责任公司、贝加尔 ЦБК 纸浆联合体等。

伊尔库茨克州在西伯利亚地区对电力及燃料的生产和消费都是占首位的。这使得该州成为动力生产发展基地。俄罗斯几乎1/4的铝生产都在贝加尔地区，该区有两大铝厂——布拉茨克和伊尔库茨克。伊尔库茨克州基础经济为开采、加工西西伯利亚石油，著名企业有"安加尔斯克石油公司"，东西伯利亚使用的大约70%的石油产品在这里生产，大部分产品供应远东。生产聚合塑料、人造纤维及丝线、矿物肥的企业集中在安加尔斯克、布拉茨克、萨扬斯克、乌索里耶—西比尔斯克。

2. 农业。伊尔库茨克州面积774.8千平方公里，人均农用地0.92公顷，耕地0.64公顷，比东西伯利亚及全俄罗斯平均水平少1/2。目前小农业在州内居主导地位，居民个人副业产值占农业产值的65%，而农场经济有所萎缩。农业占州内总产值8%的比重，94%的农产品已由非国有经济提供。

3. 外贸与投资。为吸引外资，州政府对投资者给予了诸多支持，如保证必备的基础设施用地和生产用地，提供已有计划的投资项目等。在泰舍特和乌斯奇科特区，州政府为森林资源开发的大型项目提供了工业用地，2005年吸引外资2.17亿美元，2009年吸引外资3.9亿美元。伊尔库茨克州出口生产供货量逐年增长，属于出口份额较高的区域，主要是原料出口。其中，铝出口量已占生产量的94.1%，纸浆出口量占生产量的84.4%，板材出口量占生产量的49.3%，原木出口量占生产量的33.4%。该州的出口部门结构为铝厂、化工企业、石油化工企业、林业、木材加工企业和纸浆业、飞机制造厂。伊尔库茨克州的外贸周转额中，出口占81%。养殖业、畜牧业、加工肉、奶的工艺设备等方面的先进技术是利用外资的最主要的方式之一。

（三）基础设施

伊尔库茨克州的交通运输方式主要有铁路运输、公路运输和航空运输，西伯利亚大铁路及贝阿铁路在泰谢特交会，境内拥有铁路（厂矿所有除外）2481公里，主要为西伯利亚大铁路和贝阿干线两条东西走向各1000公里左右的干线铁路。由于近年铁路运费不断上涨，企业无法承受巨额运费，所以不得不租用汽车或成立自己的运输车队来解决州内或中远距运输问题，因而目前居主导地位的是汽运，铁路主要是过境运输。尽管拥有水、陆、空较为发达的交通网，但铁路和硬面公路每平方公里拥有量仍低于俄罗斯平均水平。

从通讯事业发展看，城市每百户常住居民电话拥有量12年间几乎增加了2倍；乡村电话同期拥有量从5.7台增加到11.2台，但与全俄罗斯通讯业的发展水平相比，城乡居民电话拥有量均低于全国平均数。此外，居民公共汽车服务保障低于全俄罗斯乃至西伯利亚平均水平。

（四）科教教育

作为东西伯利亚的重要文化中心，伊尔库茨克州有东西伯利亚地区历史最悠久的伊尔库茨克国立大学、科学研究所西伯利亚支部第二科学中心、多所高等院校及俄罗斯科学院西伯利亚分院东西伯利亚分部等科研机构[76~82]。

三、甘肃省与伊尔库茨克州主要社会经济特征分析

（一）甘肃省与伊尔库茨克州社会经济特征相同点

1. 同属经济发展水平较为落后地区。甘肃与伊尔库茨克虽然近年来经济不断增长，但总量相对于全国偏小，经济社会发展水平较为落后，甘肃经济总量在全国31省市中排名27位，伊尔库茨经济总量在全俄罗斯84个联邦主体中排名16位（见图3-1）。

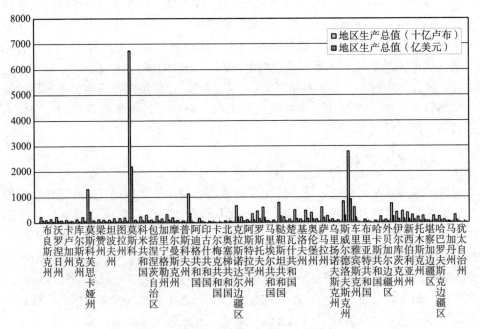

图 3-1　俄罗斯联邦主体 GDP 对比图

由于受美国次贷危机等因素的影响，俄罗斯联邦各主体经济增长比较缓慢（见图3-2）。

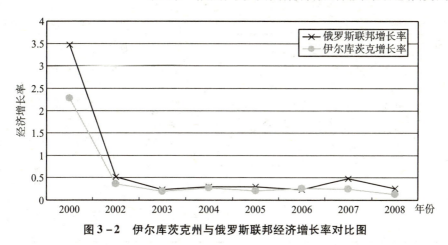

图 3 - 2　伊尔库茨克州与俄罗斯联邦经济增长率对比图

2. 拥有丰富资源优势。甘肃省与伊尔库茨克州都具有丰富的有色金属和煤炭资源，具体如表 3 - 1 所示。

表 3 - 1　　　　　　　　甘肃省与伊尔库茨克州自然资源对比表

地区	甘肃省	伊尔库茨克州
矿产资源	目前已发现各类矿点近 3000 处，有用矿产 145 种，探明储量的有 94 种，居全国第一位的有镍、钴、铂族、硒等 11 种。特别是镍、锌、钴、铂、铱、铜、梯、重晶石、菱镁矿等 15 种具有开发优势	伊尔库茨克木材及木材加工、各种矿产资源丰富。伊尔库茨克州矿产资源可开发储量价值 32000 亿美元，包括黄金、煤、铁矿、岩盐、水泥灰岩、装饰石材、石膏、型砂、白云母、半宝石和宝石等常见矿物
能源	水资源主要分布在黄河、长江、内陆河三个流域、九个水系，全年总径流量 614 亿立方米，水力理论总蕴藏量 1724 万千瓦，居全国第九位，已建成水电站 29 座，黄河上游的刘家峡、盐锅峡、八盘峡水电站和白龙江的碧口水电站，总装机容量 212.5 万千瓦。全省总装机容量已经超过 300 万千瓦，年发电量 235.65 亿度。煤炭已探明储量 89.2 亿吨，石油储量 6 亿~7 亿吨。风能，太阳能也有很大的开发潜力	伊尔库茨克总的水电能资源潜在储量估计在 2000 亿~2500 亿千瓦/小时每年，其中理论上可利用的资源大约在 1900 亿千瓦/小时每年。伊尔库茨克州已建立了三个水力发电站，主要有在安加尔总功率为 9.1 千兆瓦、年生产电能在 500 亿千瓦/小时的电站；在曼马干区（维季母河支流）的水电站，功率在 100 兆瓦左右，年产电高达 4 亿千瓦/小时

续表

地区	甘肃省	伊尔库茨克州
动植物	甘肃有野生动物 659 种，鸟类 441 种。属国家一类保护的珍稀动物有大熊猫、金丝猴、羚羊、雪豹、鹿、麂、麝、双峰驼 32 种。野生植物有 4000 多种，其中药材 951 种，居全国第二位，已经营 450 种，主要有当归、大黄、党参、甘草、贝母、大麻、杜仲、灵芝、冬虫夏草等	伊尔茨库克州植被主要为原始森林（接近 80%）。只有在东部地区是森林草原植被。森林资源主要为针叶林－松树、落叶松、杉松、冷杉和云杉。自然植被包括 1733 种。其中 605 种药物植被。动物种类丰富多样，68 种哺乳动物，322 种鸟禽类，6 种爬行类，5 种水路两栖动物，其中最多的动物种类是蹄类动物（驼鹿、马鹿、狍、北方野鹿、麝（香獐子）、野猪）、大型猛兽（熊）、毛皮珍贵的动物（黑貂、松鼠、西伯利亚貂、白貂、麝鼠等等）、鸟禽类（松鸡、黑禽鸡、花尾禽鸡、鸭、鹅等）

从表 3－1 中可见，甘肃省和伊尔库茨克州资源种类都非常丰富，而且都是矿产资源和能源资源富集区，但总体发展水平不高。

3. 具有一定的科研基础。

（1）甘肃省科研基础。经过几十年的发展，甘肃省已经建立了门类比较齐全的科研机构，具有相当数量的科研人员，综合科研能力大大增强。截至 2009 年，独立研究与开发机构 135 个（其中，中央所属 25 个），拥有从业人员 1.8 万人，从事科技活动的人员 12385 人，其中，科学家和工程师 7499 人。大中型企业技术开发机构 198 个，从事科技活动的人员 33883 人，其中，科学家和工程师 4188 人。此外，随着科研院所体制改革的深入，民营科研机构迅速增加，2009 年已有企业性质的民营科研机构 1000 多家，拥有职工近万人；开展科技活动的大专院校 14 所，从事科技活动的人员 9299 人。其中，科学家和工程师 8150 人。可以看出，甘肃省已初步形成了多种形式、多种经济成分并存的研究与开发机构，具有比较完备的科研技术开发体系，成为全省经济发展、社会进步的重要力量。

（2）伊尔库茨克州科研基础。伊尔库茨克科学中心是俄罗斯科学院西伯利亚分院第二大科学中心，下属 12 个研究单位，包括 9 个研究所，主要从事地质地理、化学、生物、激光物理、动力系统等领域的研究。同时，在西伯利亚地区设有 10 多个地震观测站、天文观测站、生物站等，共有职工 3497 人，其中，1076 名科研人员，院士 6 人，通讯院士 6 人，231 名博士，647 名副博士。俄罗斯医学科学院在伊尔库茨克市设有东西伯利亚科学中心，下设医学生态科学中心、外科修复与康复科学中心。部门所属科研机构基本上集中在伊尔库茨克市，共约 20 个，如林业研究所、抗鼠疫研究所等。区内 5 个联邦主体都有国立大学或国立技术大学等高等学府，从事科研工作和创新活动。

现在伊尔库茨克州发展创新型的基础机构，包括 14 个组成机构，其中主要是以科学中心和州内大学为基础，最著名的是创新商业研究中心，其中有 34 个小型企业，有实现技术转让的地区创新事务发展中心，有实现创新领域部门技能培训与提高革新管理部门的地区学校。

4. 产业结构单一。

（1）甘肃省产业结构的特征。2010 年，甘肃省工业增加值达到 1425 亿元，比"十五"末增长 84%，年均增长 13%；规模以上工业企业实现利润 210 亿元，比"十五"末增长 2.54 倍，年均增长 29%；经济效益综合指数达到 220%，比"十五"末提高 74 个百分点。"十一五"期间，全省累计完成工业固定资产投资 3550 亿元，年均增长 30.5%，原材料工业在结构升级、产业链延伸、加快资源转化、提高资源利用率方面取得了较大进展，完成 461 项节能减排循环经济项目，外贸结构不断优化，"两高一资"产品所占比例明显下降。

一是二元型结构。产业的二元结构对甘肃省来说主要表现在：在三次产业内部，落后的农业与大城市中发达的工业并存；在工业产业内部，重工业偏重，轻工业偏轻。由于甘肃省农业非常落后，按照产业结构演变规律，是无法支撑起目前甘肃的重型工业化结构。这种二元结构严重影响着甘肃的产业结构调整。

二是重化工型结构。将甘肃产业结构与世界经济模型中同等经济收入水平的产业结构进行比较，可以发现，甘肃产业结构演进进程同世界产业结构演进的一般规律是不相符的。甘肃产业结构演变存在着明显的偏差，突出表现在：世界一般产业结构在人均 GDP300 美元左右时，经济重心偏重于农业和轻工业，为迈向以轻工业和基础设施建设为主的工业初级化阶段作准备。然而，甘肃经济的重心，在 1978 年人均 GDP 为 348 元时，就已经跨入了工业化过程中比较高级的阶段，形成了以重工业为主的产业结构。造成这种现象的主要原因，与我国从"一五"开始实施的重工业优先发展模式直接相关。而且从现有的产业结构来看，重化工型产业结构的能源消耗比较高，污染物排放量比较大，这一特点严重影响甘肃在经济快速发展时"节能减排"任务的完成，成为甘肃经济发展的掣肘。

（2）伊尔库茨克州产业结构特征。伊尔库茨克州成为俄罗斯及俄罗斯东西伯利亚地区的支柱地区之一。丰富的资源潜力使伊尔库茨克州形成了强大的工业基地。伊尔库茨克州的工业企业主要涉及以下领域：能源动力、矿山开采、森林工业、化工等。同时，该州的铝业发展尤其迅速，机械制造业在工业中占比也很高。俄罗斯 53% 的合成树脂、塑料，45% 的聚氯乙烯，34% 的铝，30% 的纸浆，10% 的成品油及 6% 的能源，均产自伊尔库茨克州。该州采伐的木材 35% 用于生产纸浆，23.2% 用于生产锯材，8.8% 用于生产其他的木材（如胶合板、木质纤维板、刨花板等）。总体上，被采伐的木材有 67% 用于再加工，28.8%的原木出口。

伊尔库茨克州产业结构呈现孤岛型结构。伊尔库茨克州工业体系的建立，不是自然发展的结果，而是在苏联宏观和区域政策驱动下形成的，而伊尔库茨克州现有的燃料能源、木材及矿产资源决定了其工业综合体的特点。这里大约有4500个大中小型企业，集中了60%以上的基本生产资金，拥有占该州劳动人口大约1/2的人。在农业发展水平不高、轻工业尚未发展的情况下，所形成的资源型产业结构显得过于超前。正是由于伊尔库茨克州产业结构形成的特殊原因，使得工业具有脱离其他产业而自我服务、自我扩张的相对独立性，一、二产业之间的关联性比较差，工业的发展既不源于本地其他产业的发展，自身的发展也不会对本地其他产业产生扩散效应，成为脱离本地经济的"孤岛"。这种孤岛型的产业结构，已经严重制约了经济的快速发展[76~82]。

5. 进出口及利用外资总量偏低。

（1）甘肃省进出口及利用外资特征。甘肃省外贸快速发展，进出口总额从1978年的3454万美元增加到2010年的73.24亿美元。"十一五"期间，从26.33亿美元增长到73.24亿美元，年均增长22.7%，比全国平均增速高出6.8个百分点。累计实现进出口265.45亿美元，外贸企业发展到1963家，贸易伙伴遍及全球180个国家和地区。进出口商品结构单一，资源类产品占主导地位。甘肃省进口主要集中在矿产品、镍钴原材料和机电产品上，进口值分别为8.5亿美元、1.5亿美元和1.7亿美元，占全省进口的69.4%、12%和13.9%；出口主要集中在机电产品、农产品和贱金属及其制品上，出口值依次为5992万美元、7114万美元和4955万美元，分别占全省出口的20.3%、24.1%和16.8%。

甘肃省与世界银行、联合国粮农组织、世界粮食计划署和欧盟建立了业务联系。利用这些组织的贷款和援助，建成了一批水利、小流域综合治理、医疗、教育等项目。甘肃省利用外资有所下降，外商直接投资增长迅速。2010年实际利用外商投资20122万美元，下降3.74%。外商直接投资6235万美元，增长51.92%。外商直接投资主要投向第二产业，比2009年增长1.34倍，占外商直接投资总额的90%。

（2）伊尔库茨克州进出口及利用外资特征。对外经济合作在伊尔库茨克州经济发展发挥着重要作用。2009年伊尔库茨克州进口商品总额为11.63亿美元，主要进口商品为铝业原料（占比36%）、机械设备及交通工具（占比35%）、石化产品（占比15%）、金属及其制品（占比8%）、其他商品。中国是伊尔库茨克州的主要国际合作伙伴。2009年自中国的进口占伊尔库茨克州进口总额的26%。伊尔库茨克州的出口商品结构中，出口量占首位的是金属及其制品，占该州出口总额的34%，其他主要出口商品有原木及制品（占出口总额的29%）、机械及设备（占

14%)、动力能源产品（占14%）、其他商品等。2009年伊尔库茨克州的出口总额为62.23亿美元，其中对中国的出口在该州的出口中占首位，为26.3%。

截至2009年，区内基本建设投资总额达36.33亿美元。外商投资总额3.45亿美元，其中的1400亿美元来自中国。2009年伊尔库茨克州的对外投资总额3.9亿美元，其中包括对中国投资1300万美元。2001~2008年国际金融危机前，中国一直是伊尔库茨克州对外贸易的主要贸易伙伴，2005~2009年中国对伊尔库茨克州的投资总额达1.9381亿美元。目前，一系列中资参与的林业、冶金及非金属矿产品生产及高科技产业等投资项目正在伊尔库茨克州顺利实施。

外商投资企业由起步到稳步发展，在两地国民经济发展中的作用和地位逐年上升，有效地缓解了一些新建项目和老企业技术改造的资金短缺问题。两地在吸引商投资方面都有如下特点：一是外资企业的投资领域进一步拓宽，投资结构趋于优化。二是外商投资企业规模较小，但质量不断提高。借用国外贷款的结构较为单一，引进外资地区分布呈现非均衡状态。三是主要分布在几个资源性城市，并且主要以劳动密集型的简单加工为主，企业规模小，产品档次低；缺乏竞争力，外商投资企业整体经营效益欠佳。在引进国外贷款方面，多边国际金融组织贷款和双边政府贷款比重较高，由于项目的配套能力弱，形成的财政压力大[76~82]。

6. 居民收入增长缓慢。从图3-3和图3-4中可见，甘肃省与伊尔库茨克州居民收入都增长缓慢，尤其是伊尔库茨克州2008年金融危机后开始持续下降，

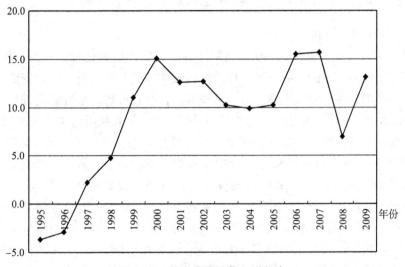

图3-3 甘肃省居民收入增长率

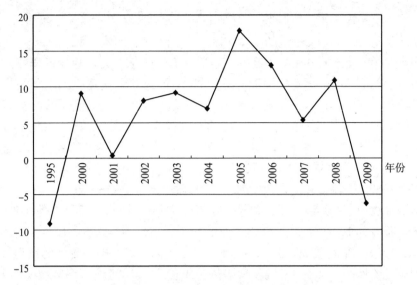

图 3 - 4　伊尔库茨克州居民收入增长率

这是因为该州经济主要是依靠资源型产品出口拉动，在金融危机的影响和俄罗斯关注木材产品出口配额的双重影响下，出口大幅下降所致；甘肃主要是重工业所占比例较高，居民增收途径单一。

（二）甘肃省与伊尔库茨克州社会经济特征的不同点

1. 资源优势不同。

（1）甘肃省优势资源——矿产资源。甘肃是矿产资源比较丰富的省份之一，矿业开发已成为甘肃的重要经济支柱。境内成矿地质条件优越，矿产资源不但种类繁多、类型多样，而且组分复杂、规模各异，远景可观。全省已发现各类矿产173 种（含亚矿种），探明储量的矿种有 98 种，已开采利用的矿产有 67 种。据全国主要矿产资源储量通报，甘肃省在全国排序居第一位的矿产有 10 种，前五位的有 30 种，前十位的有 58 种，拥有一批超大型、大型矿床。已探明储量的矿种多为伴生、共生矿。铜矿探明储量 531.5 万吨；镍矿探明储量 553.1 万吨；铅、锌矿探明储量产地 23 处，已开采和在建矿区 11 处，储量分别是 143.7 万吨、438.7 万吨，分别占保有储量的 85.6% 和 90.14%；钴矿探明储量 16 万吨，均系伴生硫化钴；金矿探明储量 110.7 吨；银矿探明储量 4043.5 吨；铂族矿探明储量 199.2 吨。还有国家未正式开采的钨矿、汞矿、锑矿等储量巨大。

黑色金属矿藏探明储量的矿种有铁、锰、铬、钒四种。铁矿产地 68 处，已开采矿区 12 处，储量 2.84 亿吨；锰矿产地 6 处，储量 45.6 万吨，已开采利用 5

处，均属小型矿。还有国家未开采的铬矿、钒矿等。

（2）伊尔库茨克优势资源——森林和油气资源。伊尔库茨克州森林资源总面积为 700 万公顷，其中，森林覆盖面积为 6200 万公顷，成熟林和过熟林的面积为 2700 万公顷，占森林覆盖面积的 42.9%。林木总储量为 91 亿立方米，其中成熟林和过熟林的储量为 53 亿立方米。就长期发展来看，地区潜力可以归结为：石油天然气和碳氢化合物原料的开采将具有巨大的优势。至今伊尔库茨克地区已经发现 9 处石油凝析气、1 处石油和 1 处天然气矿床。其中最大的矿床是卡维克金的天然气凝析气和上涅恰恩的石油天然气凝析气，石油资源勘探量为 11%。

2. 环境压力不同。

（1）甘肃省生态环境状况。甘肃省人口的过快增长，人口规模的迅速膨胀，与其自然资源的开发利用发生了严重冲突，造成了社会经济发展过程中沉重的资源压力。

一是人口密度不断增加，土地负担逐年加大。根据联合国制定的标准，干旱区适宜生存的人口密度是 7 人/平方公里，半干旱区为 20 人/平方公里。甘肃省基本上处于干旱和半干旱地区，第五次人口普查资料显示，甘肃全省平均人口密度为 56 人/平方公里，但由于甘肃难以利用的沙漠、戈壁、沼泽、石山裸地、永久积雪和冰川等土地面积大，致使人口的分布相对集中。

二是人均耕地不断减少，耕地压力不断加重。甘肃省人均耕地面积呈不断下降趋势，2006 年末，甘肃人均耕地下降为 1.98 亩。从质量及构成角度看，甘肃省耕地质量优劣悬殊，次地多，好地少，单产低而且极不稳定。

三是后备土地资源有限，开发难度很大。甘肃可利用的土地开发利用指数已相当高。根据水利部门的勘察，全省宜农地约 1159 万亩，绝大部分在河西走廊西端。尚未开发的宜农荒地，条件都比较差，开发难度大，而且从生态保护与恢复的角度看，再开发为耕地的可能性不大。

四是庞大的人口压力使土地急剧退化。庞大的人口压力迫使人们高强度地使用耕地。天然林和草地，由于退化、荒漠化、超载放牧等原因，中度以上退化程度约占可利用草地面积的 33%，全省每年输入江河的泥沙 6.44 亿吨，相当于冲走了 30 万公顷地表土层。植被的破坏还降低了涵养水源的能力，许多河流多年出现断流。

五是人口与水资源。甘肃全省水资源总量 29490 亿立方米，人均 1110 立方米，不足全国平均水平的 1/2，而且水质污染严重，水环境进一步恶化。甘肃省是全国重要的能源重化工基地，其产业特点为高耗能、高耗水工业，排污量大，水资源污染问题十分严重，主要污染指标是化学需氧量、氨氮、生化需氧量、总磷和挥发酚。

六是水资源开发利用程度较低。甘肃省是经济落后省份，财力十分困难，水利建设相对滞后，水资源没有得到充分开发利用。尽管甘肃省已兴建了大量的蓄水工程，但水库库容只有 21 亿立方米，仅占全省年径流量的 7%，加之部分库区淤积严重，对河川径流调控能力低，供水的保障能力还不高，再加上近几年甘肃省工农业生产规模不断扩大，水量需求呈逐年上升趋势，地下水资源开采日益加剧，导致局部地区地下水位明显下降。

（2）伊尔库茨克生态环境。由于从 20 世纪 90 年代初期到 2005 年人口一直呈下降趋势，生态环境开发利用总量也随之下降。

一是人口密度偏低，土地资源丰富。目前伊尔库茨克州所有经营种类的农业用地为 1556900 公顷（占领土面积的 2.1%），其中 1106300 公顷为耕地（占俄罗斯农业用地的 0.8%，占耕地的 0.9%），其余的土地为草地、牧场和弃耕地。州内人均农用地 0.92 公顷，耕地 0.64 公顷，虽然比东西伯利亚及全俄平均水平少 1/2，但还有大量的未开发土地资源。

二是水资源丰富。贝加尔湖地跨伊尔库茨克州和布里亚特共和国，两地交界线在贝加尔湖水域上延伸几百千米。贝加尔湖水域面积为 31500 平方千米，贝加尔湖水域面积占世界大湖的第八位，同时是世界上水利储藏量最大的淡水湖，储水量为 23600 立方千米，相当于北美洲五大湖的总储水量之和。伊尔库茨克州的江河流域包括许多大的河流，如安加拉河、勒拿河、下通古斯河及其难以胜数的支流，大大小小的河流总计达到 65000 条，其中较长较大的河流（长度超过 500 千米）数量为 12 条，为总长度的 0.02%，河流密度为每 1 千米分布 400 米的河流流域。伊尔库茨克州还拥有 229 个湖泊，总面积为 7732.5 平方千米。

三是生态环境良好。由于人口密度很低，境内又有大量的森林和水资源，因而伊尔库茨克州环境非常良好，虽然由于发展经济使得污染物排放量不断增加，但由于公众非常关注环境保护，加之州政府也出台严厉的环境措施，伊尔库茨克州的生态得到良好发展与保护。

3. 人口增长方式不同。经济发展与人口发展具有密切关系，人口数量、素质、结构等各种人口因素无时无刻不在对经济发展发挥着各自和综合影响，充分认识和运用各种人口因素对经济发展的影响，对实现经济可持续发展具有十分重要的意义。特别是在当今世界所面临的五大全球性问题即资源问题、能源问题、人口问题、粮食问题和环境问题中，人口问题首当其冲成为诱发和解决这些问题的核心。

（1）甘肃省人口增长状况。甘肃是一个自然条件差、经济总量小、人均水平低的欠发达省份。虽然经过 30 多年的努力，人口过快增长的势头得到有效控制，实现了人口低生育水平，但由于人口和育龄妇女基数较大，全省总人口规模还将继续增长，人口形势仍然比较严峻，人口与经济、社会、资源、环境的矛盾仍然比较突出，人口对经济社会发展和资源环境的压力将长期存在。甘肃省人口数量地域分布相对集中。2010 年兰州市、天水市、平凉市、庆阳市、定西市和陇南市六个市人口超过 200 万，占全省常住人口的 64.71%，比 2007 年下降 0.08 个百分点；白银市、武威市、张掖市、酒泉市和临夏州五个市州人口在 100 万 ~ 200 万人之间，占 30.10%，比 2007 年上升 3.85 个百分点；嘉峪关市、金昌市和甘南州三个市州人口数量较少，不足 100 万人，仅占 5.19%，比 2007 年下降 3.78 个百分点。随着全省经济社会的迅速发展、人民生活水平的不断提高和医疗卫生保健事业的不断改善，人均寿命在不断提高，老年人口逐渐增多，人口老龄化进程逐渐加快。具体如图 3 - 5 所示。

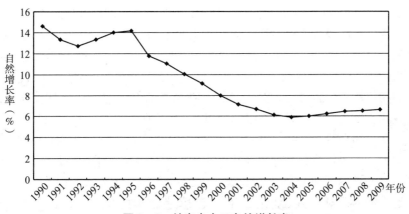

图 3 - 5　甘肃省人口自然增长率

（2）伊尔库茨克州人口增长状况。目前伊尔库茨克州人口为 250.27 万人，其中，城市人口 197.22 万人，农村人口 53.05 万人，人口分布极不平衡，75% 的人口分布在西南部，沿西伯利亚铁路沿线和贝加尔—阿穆尔铁路西部沿线分布，人口最稠密的区为大型工业城市和农业发达的地区，其中，伊尔库茨克市 58.07 万人，布拉茨克 24.97 万人，安加尔斯克 24.06 万人，在北部地区人口密度降低，所以大部分领土处于未开发状态，人口稀少。而且从 1990 年以来人口自然增长率基本处于下降趋势，直到 2007 年开始才缓慢增长。具体如图 3 - 6 所示。

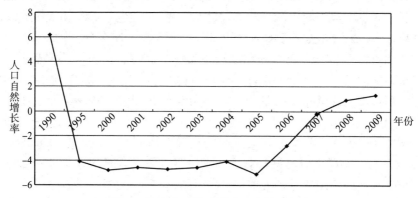

图 3 - 6　伊尔库茨克州人口自然增长率

4. 经济发展阶段不同。钱纳里借助 101 国模型提出的增长模式中，将工业化进程划分为三个阶段和六个时期，人均收入水平为 560 ~ 1120 美元进入工业化中期（1970 年汇率换算）。美国经济学家西蒙、库兹涅茨等人的研究认为，当第一产业比重降到 20% 以下时，第二产业比重上升到高于第三产业，这时候工业化进入了中期阶段；一般理论认为，第二产业增加值与第一产业增加值比值越大，表明工业化程度越高。当该比例大于 1 时，为工业化阶段，其中该比例为 2 ~ 3 时处于工业化初期阶段，4 ~ 5 时处于工业化中期阶段，6 ~ 7 时处于工业化后期阶段。此外，一般认为，一国工业化是否完成的城市化水平指标是该国城镇人口上升到 60% 以上和就业结构中农业就业人数占全部就业人数的比重下降到 20% 以下，通常作为衡量一国工业化是否完成的就业结构指标。

（1）甘肃省经济发展阶段。近年来，甘肃省经济稳步增长，按 2009 年汇率（1 美元 = 6.8 元人民币）测算，人均 GDP 从 2000 年的 607 美元增加到 2009 年的 1890 美元，城市化率从 2000 年的 24% 增长到到 2009 年 32.65%，可以折射出甘肃工业发展速度较快。

通过 2000 ~ 2008 年人均生产总值、产业结构、就业结构、工业化率、工业内部轻重工业比重和城市化水平等六项指标对甘肃工业化所处阶段的判识，同时参考其他标准进行多角度综合衡量，可以认定，甘肃已于"十一五"期间在整体上完成了工业化由初级阶段向中级阶段的过渡。具体如图 3 - 7 所示。

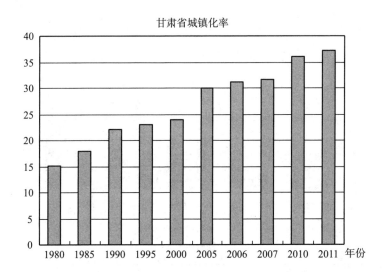

甘肃省城镇化率

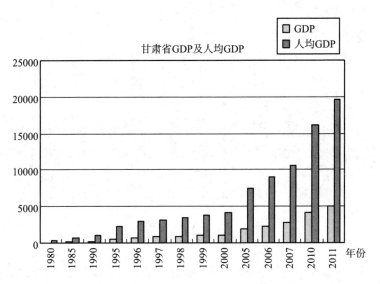

甘肃省GDP及人均GDP

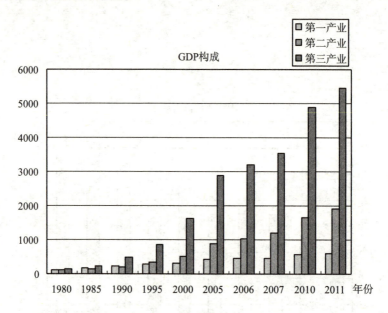

图 3－7　甘肃省工业化指标

（2）伊尔库茨克州经济发展阶段。伊尔库茨克州经济大多与自然资源开发相关联，电力、有色冶金、石油加工、化学工业、森林采伐、木材加工、制浆造纸工业为该州专业化生产部门。这些部门在国民经济中发挥巨大的作用。工业大多为超大功率大型企业，由于运输原料和成品的费用上涨，这些巨型企业的经营效益受到了影响，多数生产项目仍未完工，这导致州内生产结构难以适应市场快速变幻的条件，加之严酷的自然地理条件，农业没有成为经济主导产业，农业和畜牧业单产均较低下。州农业总产值占全俄罗斯的1%，农用地占全俄罗斯的1.25%。地产马铃薯、牛奶、蔬菜和鸡蛋可保证满足州内供应。近年，燃料动力综合体和冶金综合体的比重增长近2倍。具体如图3-8所示。因此，根据以上判别标准，伊尔库茨克州经济还处于恢复阶段，而工业化也才开始起步。

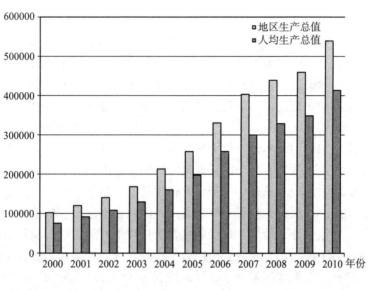

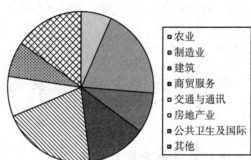

图3-8 伊尔库茨克州工业化指标

第四章 甘肃省与伊尔库茨克州区域发展模式对比

在知识经济时代，区域经济的发展需要适时做出调整，区域的比较优势需要做出大的调整，要将经济发展过程中依赖的比较优势——自然资源转变为资金、技术、知识等高等资源，使得自然资源在区域经济中的比重不断减小，对经济贡献率的优势最终被知识经济所取代。目前大多数区域经济的发展已经步入知识经济阶段，"比较优势"由之前丰富的自然资源、廉价的劳动力等转变为依靠高素质劳动力、高附加值的技术创新能力等，依靠"比较优势"的经济增长方式也随着发展变化，理论上认为，一个国家或地区如果依靠廉价的劳动力以及丰富的资源进行生产的话，形成自然是一个资金周转率较低、竞争力不高的产业。由于这种产业对影响经济发展的各种要素要求不高，因此，不论是发达地区还是落后地区都会优先发展该产业。但是，该产业在发展过程中，随着资源消耗量的不断增加，生产成本会不断提高，导致生产出来的产品在国内外市场失去竞争优势，这种经济增长模式在发展中国家非常常见，或者是区域经济发展初期愿意采用的一种经济增长模式。所以正确认识这两种经济增长模式所依赖的比较优势，才能准确地选择适合所在区域的经济增长模式。

第一节 两地自然资源对区域发展的影响

一、甘肃省自然资源对区域发展的影响

从大量的实践与研究文献的实证结果来看，对区域经济发展产生影响的是资源丰裕区域通过开采资源而形成的矿产品产量规模、出口规模以及区域经济体系对矿产品规模的依赖程度。资源开发形成的矿产品规模取决于一个国家或区域动用资源的范围与开发程度，一般称为资源开发强度，具体可以用矿产品总产量、人均矿产品产量来表示。区域经济体系对矿产品规模的依赖程度，称为资源依赖

度，可以用资源部门 GDP 占区域 GDP 比重、资源部门劳动力占区域劳动力比重、资源出口（包括外贸与内贸）占区域总出口的比重等来表示。资源开发强度与资源依赖度相互关联，但不一定成正比。资源开发强度大，矿产品产量或者人均矿产品产量高，但并不代表矿产开发部门的产值或者劳动力在经济体系中占的比重大，这取决于经济体系的自身特征。

（一）甘肃省产业结构的演变历程

甘肃省产业结构的形成与演变过程是与国家实施的发展战略密切相关的。新中国成立初期，由于国家实行均衡发展战略，其重点是优先发展重工业，根据地方资源优势，甘肃省被确定为国家的重化工基地，由此而形成了其产业"重重轻轻"的结构。改革开放后，随着地方政府自主权的扩大，为了加快地方经济的发展，甘肃省制定了一系列发展经济的政策措施，甘肃省产业结构经历了比较复杂的波形变化过程，这个变化过程可以分为四个阶段。

1. 重型化产业结构形成时期（1953～1978 年）。这一时期是甘肃工业化的初期阶段，产业结构的变化主要受国家宏观战略的影响，走的是一条传统的工业化道路。1952～1978 年的 26 年中，甘肃省第一产业和第二产业比重都发生了比较大的变化，第三产业变化相对较小。第一产业在 GDP 中所占的比重由 1952 年的 65.02% 下降到 1978 年的 20.41%；第二产业在 GDP 中所占的比重由 1952 年的 12.99% 上升到 1978 年的 60.31%；第三产业在 GDP 中所占的比重由 1952 年的 22.00% 下降到 1978 年的 19.28%。第二产业远远超过第一产业和第三产业，在第二产业中，工业增长速度快于建筑业增长速度，而工业内部，重工业增长速度又远远超过轻工业增长速度，使得重工业比重大大超出轻工业的比重。这一阶段形成的产业结构是典型的重型化产业结构，由于计划体制的原因，甘肃产业结构一直得不到优化。

2. 产业结构调整时期（1979～1991 年）。这一时期甘肃省产业结构发生变化，主要受改革开放初期经济政策的影响，第一产业的比重保持在 20%～30% 之间，这是因为，市场化取向的改革先从农村开始，制度变革使农村的比较利益相对提高；第二产业呈缓慢下降趋势，占国内生产总值的比重由 60.7% 下降到 41.2%，这是对以往第二产业比重较高的校正；第三产业在国内生产总值中的比重有了较大幅度的提高，由 1979 年的 20.2% 上升到 1991 年的 34.24%，这是产业结构趋向均衡状态最显著的标志。工业结构内部，重工业依然占据主导地位，在国家工业结构由重工业转向轻工业的调整中显得极为滞后，重工业比重由 80.64% 降为 72.56%，虽然比重有所下降，但降幅不大，工业内部重工业比重仍然很高，继续保持重型产业结构的特点。

3. 产业结构向合理化演进时期（1992 年至今）。这一时期，第一产业比重呈下降趋势，第二产业比重保持不变，第三产业发展缓慢，比重仅由 36.17% 增长为 37.29%。这主要是由于工业品价格的不断上涨，工农产品的比价复归，农产品的比较利益再次下降，而且随着城市改革的逐步展开，农业变革的制度效应相对减小；同时，基于国内产业结构高度雷同的局面，国家开始对区域产业进行调整，并将中西部地区的能源、原材料产业列入战略重点。

（二）自然资源对甘肃省区域发展模式的影响

1949 年以来，甘肃在全国的经济布局和地域分工上被确立为国家能源和原材料基地。因此，甘肃的经济发展对矿产资源的依赖程度尤为突出，矿业产业在国民经济中所占的比重和贡献率远高于全国平均水平。矿业在甘肃处于基础地位：一是矿业产值和矿业增加值在工业产值中和工业增加值中均占有较大的比重；二是矿业产业的延伸和与矿产资源为依托的相关产业从总体上推动着甘肃经济的发展。矿产资源在甘肃经济结构尤其是第二产业中居于主导地位，甘肃省第三产业相当大的部分是由矿业所产生的产业链效应形成的，如第三产业中的社会服务业、交通运输、邮电通信业等相关产业都离不开矿产资源开发利用的支撑和带动，整个区域发展模式呈现核心—边缘格局，即以兰州、天水、金昌、白银等工业城市为核心，经济社会较发达，周边地区较落后。

虽然资源开发一直是甘肃省工业化和城市经济发展的主线，但由于矿产资源的有限性、不可再生性和长期的过度开发，资源型企业均不同程度地面临着资源枯竭、接续产业发展缓慢等严峻形势和挑战，从而对区域发展模式提出挑战。

1. 后备资源日趋紧张，资源枯竭的风险突出。资源型产业的发展规律是由资源的生命周期规律决定的。按资源的消耗程度，资源型产业的生命周期基本上表现为：开发建设期（投产，资源量大）、达产稳定期（达到设计生产能力，资源量尚大）、成熟期（稳产，资源量开始减少）、衰退期（减产，资源量尚有但较少，生产成本迅速增加）、关闭（资源枯竭，停止生产）。如按资源开发程度和目前拥有可供开发的后备资源量来说，甘肃省资源枯竭风险日益突出，从而增加了企业的经营成本。

2. 所有制结构明显失衡，公有制比重过大。甘肃省的资源型企业公有制经济比重过大，非公有制经济发展严重不足。造成这种现状的主要原因有：一是矿产资源发现以后，主要由国家作为投资主体进行开发建设，从而形成了目前的工矿性企业主要是公有制性质；二是资源型企业多数是由于当初有矿而建，交通条件落后，没有区位优势，难以吸引外来投资；三是市场化意识比较淡薄，造成私营经济发展严重滞后。

3. 技术落后使资源型企业失去竞争力。甘肃省的资源型企业大多建于 20 世纪 50~60 年代，普遍存在着设备老化、工艺落后的问题，企业生产成本高，环境污染严重，现有生产条件和设备难以形成规模化，并且由于没有资金投入，新产品及高附加值产品开发非常困难。

4. 产业结构比较单一，不利于资源型企业经济的可持续发展。矿业企业的产业结构大致有三种类型：一是多元型。即在资源型产业基础上形成，并以其为支柱产业，但适时发展其他非资源性的主导产业，产业结构多元化且比较合理，企业对资源型产业依靠但不依赖，具有较强的可持续发展能力。二是扩展型。资源型产业是其支柱产业、主导产业，不仅对资源进行初级开采加工，而且通过对其后续加工发展起相关的系列化产业，进行了一定程度的产业延伸。这种产业结构具备一定的纵向可持续发展能力，但横向的可持续发展能力较薄弱，产业结构有待于进一步调整优化。三是单一型。资源型产业为其支柱产业，缺乏其他主导产业。由于这两种产业基本上是一种投资量大、建设周期及投资回收期长、利润率低的基础性产业结构，其产品加工程度比较低，高附加值的产品较少，在市场竞争中不利于提高其竞争力，从而使资源型企业的发展处于不利地位。依靠资源建立起来的资源型城市，其经济发展高度依赖资源，由于得益于本地区丰富的资源潜力和减少原料运输、降低生产成本的需求，以当地自然资源为对象的采掘业发达，重工业占很大比重，轻工业薄弱，农业生产落后，基础设施建设严重滞后。两地都是进行资源开采，并依赖资源产业的发展而延伸产业链，发展相关产品深加工，但产品单一、品种极少，这样就形成了资源型城市经济结构的单一性、畸形性，这种经济结构不利于经济效益的提高，制约了经济的综合发展，给人民生活带来了很大的不便，给城市的建设也带来了很多矛盾和困难。

5. 生态环境破坏严重。由于经济、技术等因素的制约，资源的粗放型、掠夺式开采利用比较普遍，从而对当地的生态环境造成了严重的污染和破坏。具体表现在以下四个方面：一是排放的二氧化硫超过国家标准，大气浮尘指数过高；二是城市排放的废水和生活污水污染环境；三是由于采掘生产破坏了地表的植被，留下了大量的废渣；四是由于地下过度采掘而造成地面塌陷，形成显性和隐性塌陷区，从而危及当地人与生态的安全。

二、伊尔库茨克州资源对区域发展模式的影响

（一）伊尔库茨克州产业结构的演变

在苏联时期，伊尔库茨克州的产业结构具有超重型特点，即产业明显地向冶

金、能源和机械制造业尤其是向军工方面倾斜，而服务于消费的行业如轻工、食品、农业等则发展缓慢。1992 年俄罗斯在启动激进式改革的同时，也开启了第二次世界大战后规模最大的一次产业结构调整，即以重工业为主导的产业结构演变为以能源、原材料工业为主导的产业结构，2010 年伊尔库茨克州第一产业比重由 13.4% 降至不足 7%，第二产业比重保持在大约 40%。其中采矿业、燃料和冶金等原料加工业占第二产业总产值 40% 的份额；从各经济部门的盈利率来看，最高的当属采矿业、冶金和金属制品、焦炭和石油产品行业，1991~2010 年这些行业售出产品的盈利率基本都在 30% 左右，最终形成了强大的工业基地，如伊尔库茨克中部区域性生产综合体和布拉茨克 - 乌斯季伊利姆区域性生产综合体等。

1. 解体前产业重型化阶段。在苏联时期，一直奉行轻视农业和食品工业的产业结构政策，该区农业不发达，农业生产力水平低下，轻工业、食品工业不能满足当地居民的需求。工业虽说是远东地区的主导部门，但也仅限于森林工业、采矿业和渔业。一是在三次产业关系中，第三产业极其落后。在地区生产总值中，商品性产值比重大，服务性产值比重小。直到苏联解体的 1991 年，服务性产值在地区生产总值中的比重也仅为 24%。二是从各产业部门的固定生产基金构成看，重工业部门的固定生产基金在基金总价值中占到 89%，按顺序依次排列为原材料、能源、机械制造，消费品产业群所占比重最低，仅为 11%。三是在工业产品结构中，生产资料产品比重较高。自 20 世纪 50 年代起，这一比重就保持在 70% 以上。从 1982 年起，这一比重基本稳定在 75% 左右，消费品比重则稳定在 25% 左右。与西方主要国家相比，俄罗斯产品结构中生产资料比重平均高出 4~8 个百分点。四是在产业组织结构中，几乎 90% 的工业潜力（设备、原料、技术人员配备）都集中于就业人数在 10000 人以上的企业。五是消费品工业中，产品单一。一直到解体，苏联的消费品工业仍是以食品加工业为主，约占 43%。重工业提供的消费品也占有相当大的比重，达 30% 左右，而轻工业发展明显落后，其产品约占全部消费品的 27%。

2. 解体后产业结构调整阶段。苏联解体后，伊尔库茨克州仍是一个畸形发展的产业结构。在经济转轨初期，曾力图同时调整不合理的经济结构，但由于经济危机条件的限制，最紧迫的任务是反危机和稳定宏观经济形势，经济结构和产业结构的调整带有明显的消极性和被动性特点，主要表现在以下四个方面。

一是第一产业所占比重明显下降，第二产业基本持平，服务性产值在国内生产总值中的比重迅速提高，1991~2009 年第二产业产值占 GDP 的比重由 35.9% 增至 54.8%。但由于第三产业的迅速发展是在第一、第二产业的生产持续下降情况下实现的，因此，这种结构变化并没有带来国民经济的良性发展。

二是调整国民经济的军事化格局。通过军转民急剧减少国家的军事订货，使军工产值占国内生产总值的比重从1991年的8.7%迅速下降至1992年的1.6%，1996年规定为3.5%。在军工综合体的产品结构中，民用产品的比重1994年已上升至78.3%。但这种转产破坏了军工企业的生产力，军工生产下降成为国民经济总体下降的重要原因。

三是在整体经济形势不断恶化的情况下，俄罗斯采取了"消极适应"的宏观产业结构调整政策，伊尔库茨克州不仅基本保持了苏联经济结构的基本格局和特点，而且其产业中轻重结构更加畸形，原材料化趋势更加加强，出现了自发性和退化性的反工业化趋势。

四是在经济转轨中受到科研经费减少、科技基础削弱的影响，俄罗斯的产业技术结构比苏联时期大大恶化。因此，伊尔库茨克州主导产业冶金、化工、机器制造业等部门，新技术和新材料的采用率大大低于西方国家，用陈旧技术生产的产品比重达60%，技术更新周期比西方国家平均长10~20年，高科技含量的产品生产比重不断下降，其产品在整个产品产量中的比重已从1991年的21%下降到目前的15.6%。

经济转轨以来，伊尔库茨克州产业结构虽有一定的调整，但总体而言并未得到实质性突破。这种产业结构状态在保障经济正常运行的同时，也对其未来经济增长形成严重制约。如何加快产业调整与升级，是该州在市场经济体制框架内谋求经济进一步发展的主要问题。

（二）伊尔库茨克州资源对发展模式的影响

对化学制品的需求、燃料能源和水资源的具备、地方原料（碳氢化合物、食盐及其他原料）的具备、交通基础设施的发展（西伯利亚大铁路）等一系列因素促成了伊尔库茨克州石油化学产业的空间分布，且原燃、材料产业是资本密集型产业，所以其劳动力比重较低，但燃料部门的劳动者收入比重却很高，石油天然气部门劳动者的收入是社会平均收入水平的4倍左右，有色金属部门劳动者的工资是社会平均工资的2.78倍。自然资源部门的高工资吸引劳动转向资源出口部门，其他制造业部门不得不花费更大的代价来吸引劳动力，同时，由于出口自然资源带来外汇收入的增加使得本币升值，这严重打击了制造业产品的竞争力，导致制造业部门不可避免地继续萎缩。

此外，以自然资源为基础的矿产品在伊尔库茨克对外贸易中的地位不断攀升，形成了以木材、矿产品为主的出口结构，木材和矿产品出口一直是伊尔库茨克州外汇收入的主要来源。1995~2010年，伊尔库茨克州出口收入增长了6倍，其中矿产品出口收入增加了9.8倍，矿产品所占份额从42.5%增长到69.9%，其中仅石油一项的比重就达到了 40% 以上。近年来，石油、天然气部门的出口额始终占当年 GDP 的 15% ～20%。这些指标表明，石油、天然气等矿产品的出口决定了伊尔库茨克州的经济和出口发展态势（见表 4 − 1）。

表 4 −1　　　　　　　　伊尔库茨克州出口产品种类及贸易额　　　　　　　　单位：万美元

名称	2006 年	2007 年	2008 年	2009 年	2010 年	2011 年
纤维素，纸，厚纸板，纸浆	439.2	571.8	639.5	443.5	582.1	749.8
木材及木制品	493.3	762.7	678.5	742.7	799.6	1048.8
矿物燃料，石油和石油产品	218.1	210.9	145.8	62.8	148.1	324.5
矿石及铁精矿	11.5	40.2	266.1	157.1	190.0	136.9
化工产品，化肥	120.3	98.4	111.3	43.9	328.9	94.1
初级形状的乙烯聚合物	11.8	7.6	1.8	—	33.6	25.1
金属及金属制品	4.9	2.9	9.2	0.6	26.6	0.2
其他产品	33.9	35.5	1.6	3.1	5.6	12.0
共计	**1340.2**	**1730.0**	**1853.8**	**1453.7**	**2114.5**	**2391.4**

1. 部门结构不完整、不协调的问题。由于 TPC 总是着眼那些服务于区域之间的专门化部门的重点建设，结果使其他生产部门发展滞后。实际上综合发展相当不足，比如，在苏联东部地带，主导产业大都是采矿业，制造业发展相对不足。由于制造业的短线制约，大量制造业产品和机器要从西部运入，但还是不能满足要求，食品、轻工业发展也远远不能满足当地需要。在产业循环链条中，一些产业发展不足，成为整个产业发展的"瓶颈"，影响了其他产业潜力的发挥。比如，在中格拉，整个木材加工的链条由水电、木材采伐、木材加工三部分组成，但由于木材加工能力不足，致使水电电力能量得不到充分发挥，一遇暴雨圆木即被河流的洪水卷走。在另一些 TPC 中，由于新城镇的区位难以选定，使得该上马的建设项目迟迟不能动工。

2. 产业链不配套。区域经济发展差距大，缺乏经济发展水平高、工业化程度高的地州（市），不利于经济的集聚；经济发展水平较低、工业化程度较低的地区主要集中在农牧区，资源型城市面临资源枯竭、产业结构单一等问题。在资源开发利用过程中，资源富饶与贫困共存的核心——边缘发展模式，使之与发达省区的差距越来越大，一个很重要的原因就是地处于环境恶劣的内陆地区，远离发达国家和地区，交通条件差，人才流、物流、信息流、资金流、技术流、企业流不畅，资金短缺，开发、利用资源的进度和程度都受到制约。

3. 区际利益关系不易协调。在苏联，一些 TPC 的建设往往遵从这样的程序：经济上更成熟的 TPC 提供产品和服务给那些新建设的 TPC，因此，老的 TPC 不得不大力发展建材、能源、食品、维修等工业以满足新的TPC，而新的TPC又必须在一定时段反哺，在老TPC资源枯竭时向其提供必要的原料，这样，一方面带来了过多的运输问题；另一方面也使区际利益的关系不易协调，由于价格体系的扭曲，围绕后者的问题更易引起争端。

虽然伊尔库茨克州自然资源丰富，但由于技术条件、气候等限制以及缺少资金，自然资源生产比较落后。特别是苏联解体后，由于国家投入严重不足、当地经济和工业生产水平严重下滑、与中央地区经济联系割裂、企业无力投资等原因，该地区矿产开发领域长期以来停滞不前。远东地区石油加工深度远远低于世界标准，并且石油、煤炭加工在1991年以后下降幅度较大。转轨以后，由于资金匮乏、需求萎缩、固定资产严重损耗等一系列因素，区域发展受到了严重的影响。

通过以上分析可以看到，甘肃省和俄罗斯伊尔库茨克州的发展模式都是依托当地丰富的自然资源，根据国家宏观战略布局的需要而逐渐发展起来的，主要是以核心城市为中心、周边地区为核心地区发展的腹地，逐渐形成了较强的核心—边缘发展模式，而且区域发展战略上也都采用了利用本国本地区丰富的自然资源，以发展农业、矿业产品的出口来带动本国本地区经济发展，总体上是以初级产品生产与出口为主导的外向型经济发展战略。应该承认，由于两地经济结构是以重工业建设为主，这势必要求有一部分是以燃料动力和原材料为核心来进行建设，而且燃料动力基地的建设也吸引了一大批高耗能的重工业在两地区布局、建设，初级原材料和燃料出口形成于区域经济发展初期，促进了燃料动力和原材料工业的发展，极大地促进地区发展，这些曾在经济增长和结构合理化中发挥了很大作用，促进了地区经济结构的协调和生产力的合理布局。此外，通过生产和生活性基础设施的集中布局，为多部门提供公共使用的生产和非生产性设施节约了大量的建设费用。但也应该看到，资源型区域发展的兴衰与资源的可开采储量和可替代性，以及资源性产业在经济结构提升过程中地位的稳定性和市场的竞争能力密切相关。长期以来，传统的发展思路就是立足资源搞开发，本土有什么资源就开发什么资源，有什么资源就生产什么产品，实际上这是一种竭泽而渔、违背客观规律的做法，而这种做法很难实现可持续发展，因为一方面由于新资源的不断开发和大量新材料、新能源的应用，大大削弱了传统材料和能源工业的地位，使老的资源型城市增加了困难；另一方面由于资源特别是一次性资源的大量开采，总量必然减少，最终资源枯竭，收益下降，如果长期将资源性产业作为支柱，对出现的问题又不能有效控制并提出有效的解决办法，必然导致该城市经济的衰退。因此，两地传统的发展方式弊端丛生、矛盾重重。

三、两地发展模式

区域经济是一种在社会劳动和地域分工基础上形成的具有自身特点的地域经济综合体。它是在长期的物质产品生产过程中，由于地理、历史、民族文化、社会宗教等诸多因素共同作用而形成的特色经济区。从其形成的历史渊源和形成基础分析，区域经济具有绝对经济优势和比较经济优势，凭借这些不同的优势，本书探讨了两地基于要素投入对资源开发方式及其对资源部门发展的影响，在此定义资源开发集约度，即根据对资源的开采方式，包括技术含量、资源节约程度、环境损害程度等，将会影响区域经济发展方向；而且资源部门是否属于技术含量高或者技术投入多的部门，资源开发集约度不同，都将导致资源富集区域在开发过程中走上不同的道路。

（一）两地区域经济发展模式的内涵

区域经济发展模式是指在特定的地域和特定的历史条件下，根据区域内外的基本条件，确定一个共同经济发展战略以及为实现这一战略目标而采取的方法、路径和机制的抽象概括[83,84]。黄鲁成（1995）认为，区域经济发展模式由以下具体内容构成：一是区域经济发展目标；二是区域经济发展过程中的国际分工；三是区域经济发展中的协调机制；四是区域经济发展过程中贸易与投资如何匹配；五是区域经济发展中"增长点"与"增长区"的确定。从空间结构看，区域经济发展模式反映区域内生产力空间配置的总体格局，这种总体格局与区域内部的资源空间分布格局、优区位配置格局、市场配置格局相吻合[85]。区域经济发展模式决定了不同地区、资源、市场与区位等综合开发的先后顺序和开发强度，也决定了特定区域何时崛起、如何崛起以及崛起方式等这些事关全局的问题。然而，区域经济发展条件的可变性决定了区域经济发展模式内涵的可变性，一种区域经济发展模式的有效性依赖于一定的经济发展条件，不同条件下的同一发展模式也可能会产生不同的效果。由于区域经济发展条件是可变的，区域经济发展模式也处于不断的演变之中，没有或很难存在永恒有效的发展模式。一般而言，模式可供研究和借鉴，但不可以完全模仿和移植。

（二）两地经济发展模式的历史成因分析

1. 甘肃省发展模式的历史成因。甘肃地处中国西北内陆，是内地与西部多民族地区的结合部，是我国重要的能源、原材料工业基地，战略地位比较特殊。甘肃经济发展对保持国民经济健康发展、促进民族团结、巩固祖国边疆、保证国家长治久安具有特别重要的意义和作用，但甘肃又是典型的经济欠发达省份，改革开放以来甘肃与全国乃至东部沿海省区的经济发展差距明显拉大，人民日益增长的物质文化需要与落后的社会生产之间的矛盾日益突出。甘肃经济发展大致可分为两个阶段，即改革开放以前的计划经济和改革开放以后的市场经济。

改革开放前，中国经济的宏观战略导向是以"赶超"为目标、以计划经济为体制背景的资源开发战略，这种以资源开发战略为导向的工业化道路始终贯穿一个开发、两个优先：大规模开发自然资源，优先发展原材料和装备工业等重工业，优先发展军事工业。在国家宏观政策的影响下，甘肃省突出水土资源和生物资源的规模开发，促进了农业生产；围绕能矿资源开发，进行了大规模工业建设，很快建立起门类齐全的、比较完整的重工业体系。

改革开放以后，对发展农业的战略思想进行重大调整，因地制宜调整农业结构；突破"单一"和一味追求产值增长的经济发展模式，把结构优化、总量平衡作为基本的战略原则，并从产业结构调整入手，逐步向技术结构、产品结构、品种结构及区域布局结构方面延伸，实现了从适应性、政策性调整到战略性优化调整的转变，突出效益、效率等优化目标。

但是，甘肃经济发展长期依赖于靠政府投入，工业仍以开采和初级加工为主，国有企业特别是国有大中型企业占绝对份额，并支配着甘肃的财政收入，经济发展缺乏动力和活力，而这种发展模式需要承担很高的体制成本，制约经济增长质量和效益的提高。在经济结构调整初期，由于重视了农业和轻工业的发展而忽视了能源、原材料加工等基础产业的相应发展，使得能源、交通等基础产业的"瓶颈"制约不断加强，从而加大了后来经济结构战略性调整的难度，并且由于缺乏系统的、具有特色的经济发展思路，在资源开发上过于急功近利，在地方利益和部门利益的驱动下，违背规律地对资源进行掠夺式的破坏性开采，未能达到以强带弱、优势互补的均衡发展模式。

2. 伊尔库茨克州发展模式的历史成因。苏联经济地理学家巴郎斯基和萨乌什金认为，劳动地域分工（地理分工）是一个概念体系，它是在一国范围内和国际范围内研究经济组合的科学基础，强调劳动地域分工的多种类型和水平相互交错在一起，构成国民经济生产综合体，在生产综合体理论的影响下，根据全国的经济和政治任务，并考虑各加盟共和国的利益，制定了均衡地发展整个区域体系的区域经济政策，1895～1905年西伯利亚大铁路修建后，该地区开始大规模开发，以俄罗斯民族为主的人口大量东移，苏联第一个五年计划期间（1928～1932年）库兹涅茨克大煤田及西伯利亚大铁路沿线的工业得以大发展；20世纪50年代实施了安加拉—叶尼塞河的水力资源开发，60年代中期起开发西西伯利亚秋明大型油气田，同时也根据国家经济社会发展的过程不断加以调整。但是，苏联政府所采取的鼓励向东部、北部地区配置生产力和迁移劳动力的政策并没有达到预期的效果，由于地域辽阔、人口稀少，所取得的结果只是对这片土地的粗放式、分散式的开发[86~91]。

苏联解体后，经过20多年的发展，在俄罗斯向新型政治和经济体制转变过程中，俄罗斯受凯恩斯政府干预思想的影响，为加强国家稳定和领土完整，改革国家对地区发展的调节手段，取消了对市场管理的行政命令，合理地改革所有制结构和收入分配结构，以及扩大地区的经济权力，消除地区间经济社会发展水平的不平衡，解决复杂的地区问题，为全俄各地区的平衡发展创造条件；在所有地区建立了多种类型的经济，建立地区和全俄商品、劳动力和资本市场，加强了基础设施和市场环境建设；对于特定区域实行政策上的倾斜，以实现地区经济结构的合理调整，提高地区经济在市场条件下的活力，不仅摆脱了全面危机，而且催生了一大批个体、私营小企业，伊尔库茨克是重要的能源和原材料基地，与此对应，石油化工、煤化工、有色金属开采、冶金工业也很发达；机械工业虽有所发展，但与其他产业不配套、基础薄弱；由于社会经济体制运行质量低下，地区发展、城乡发展不平衡，人口危机、贫富差距进一步扩大等问题长期不能解决，区域经济发展未能沿着平衡发展理论的轨道运行[86~91]。

虽然在不同时期实行了不同的区域政策，尤其是近几年俄罗斯对于包括伊尔库茨克州在内的东部地区投资、开发的力度不断加大，但由于人口自然增长率下降，并且人口向西迁移，经济发展依然缓慢。因此，本书构建的考虑人力资本的超越对数生产函数，从人力资本的全部经济效应中分离出人力资本存量的直接效应和外溢效应，测算人力资本存量对经济增长的全部效应，并分析各投入要素的产出弹性进而分析影响经济增长的深层次原因。

(三) 两地发展模式及局限性

受全国区域经济分工格局的影响，两地都选择了大规模的资源开发及其后续加工，即资源开发强度大且大多采用的是粗放开发方式。资源部门成为主导部门，在资源部门对经济要素特殊的吸纳效应、资源部门的扩张与延伸使产业体系中形成的粘滞效应、工业化演进中的沉淀成本与路径依赖形成对资源功能的锁定效应共同作用下，产生发展的路径依赖，陷入资源优势陷阱[92]。具体表现为资源部门在经济发展中占据重要地位，经济体系严重依赖资源部门。这种依赖原材料出口而获取的经济增长是粗放式的，相对于美国及西方发达国家工业增加值来自于创新经济，这种发展仍然是初级的，其经济增长的路径选择只是对过去已有的畸形经济发展模式的坚守和维护，尽管体现出数量有所增加，但质量并没有得到提高，因此，不具有进步意义。相对于经济现代化和以创新经济推动整个社会向前发展，有学者把这种经济增长称为反工业化趋势，因为这种发展模式缺乏可持续性。资源依赖型经济发展模式存在诸多弊端，具体表现为：

（1）国际原材料价格的起落势必给资源型经济持续发展带来不确定性；

（2）资源型经济产业关联度低，无法带动其他行业技术进步，从而使结构优化步伐放缓；

（3）资源型经济的快速扩张和超长发展必然导致社会结构二元化趋势的形成进而加大了国民贫富差距；

（4）大量资源品出口换回的巨额外汇推升了汇率水平，使"荷兰病"滋生成为可能；

（5）利润丰厚的原材料产业更容易导致寻租和寻租活动的发生；

（6）资源大量出口赚取的巨额收入培养了从国民到政府的惰性，长此以往会导致整个民族失去进取精神和创造性。

另外，由于资源型经济发展模式立足于满足国际市场需求为前提，容易导致贸易条件恶化，造成与他国的贸易摩擦。在原料化经济获得超常发展的同时，能代表高技术含量的加工业及其他行业的发展相对滞后，被挤出效应十分明显，其结果使产业结构状况更加趋于失衡。近年来，由于非原材料生产部门的基础设施及工艺方面没有进行技术改造和更新换代，致使两地企业生产的产品一直处在质劣价高的尴尬境地，导致其在国内外市场都缺乏竞争力。

第二节　两地全要素贡献率实证分析

全要素生产率（TFP）是衡量单位总投入的总产量的生产率指标，即总产量与全部要素投入量之比。全要素生产率的增长率常常被视为科技进步的指标。通过对全要素生产率的分析可以揭示经济增长的源泉。美国经济学家保罗·克鲁格曼（1999）曾发表文章指出，东亚国家的经济增长主要是由劳动和资本投入的增加所驱动，而不是通过提高投入要素的生产效率来实现的，受要素增长的限制，经济经过短期快速增长后可能会陷入停滞状态。那么，甘肃省和伊尔库茨克州的经济增长是否也是投入增长带来的短期效应造成的？经济高速增长又能持续多久？资源在不同尺度上对经济增长的制约作用有多大？本书将通过测定两地的全要素贡献率，分析经济增长的因素及其动态变化的过程，为两地发展提供参考依据。

一、全要素贡献率的相关理论

经济增长方式是指经济增长的各种要素的组合方式及推动经济实现增长的方式，其本质内容是对各种生产要素的合理分配与使用。就生产要素的组合和运作方式而言，有两种基本类型：粗放型经济增长和集约型经济增长。前者以追求数量、产值、规模、速度为主要目标，以增大劳动力、资金和物资的投入为主要手段；后者则以提高劳动生产率及其他要素（物资及资金等）生产率为主要目标，依靠技术革新、优化资源配置、调整经济结构、提高劳动者素质、加强科学管理等为手段[93,94]。在现实经济生活中，任何一个国家或地区的经济增长都不可能绝对地属于粗放型或集约型，而总是表现为哪一种方式为主。因此，经济增长方式的转变实际上就是以粗放型经济增长为主转变为以集约型经济增长为主。经济增长方式是反映经济系统运行状况的重要特征，在定性研究的基础上，定量地测定经济系统的增长方式，对于促进经济增长由粗放型向集约型转变具有重要的理论与实际意义。就目前来看，经济学家们利用了不同的方法来研究经济增长方式的转变问题，主要可以分为两类：一是借助经济增长模型，运用西方经济学家提出的一些方法建立经济增长与各因素增长之间的数学模型，如索洛余值法和丹尼森的因素分析法等，通过模型来揭示各因素对经济增长的贡献率，进而判断经济增长方式转变的程度，一般称为要素贡献率比较法。二是设置若干指标，形成一个指标体系后，再运用数量分析方法测度经济增长方式转变的程度，该方法是中国一些经济学家近年来提出的，不妨把这种方法称作指标体系综合评价法[93,94]。

（一）方法与模型

1. 基于柯布—道格拉斯生产函数的总生产函数法。柯布—道格拉斯生产函数一般形式为：

$$Y = AL^{\alpha}K^{\beta} \tag{4.1}$$

对（4.1）式取全微分后建立如下模型：

$$\frac{\Delta Y}{Y} = \frac{\Delta A}{A} + \alpha \frac{\Delta L}{L} + \beta \frac{\Delta K}{K} \tag{4.2}$$

其中，$\frac{\Delta Y}{Y}$ 为经济增长率，用国民生产总值可比价格计算；$\frac{\Delta A}{A}$ 为科技进步综合因素增长率；$\frac{\Delta L}{L}$ 为劳动力投入（也可用劳动报酬总额代替）增长率；$\frac{\Delta K}{K}$ 为资金（固定资金及流动资金）增长率；α 和 β 分别为劳动力投入和资金投入对产出增长的贡献系数，即劳动或资金投入增长而使经济增长的百分比，故又称劳动产出弹性系数和资金产出弹性系数。有的学者用劳动报酬占国民生产总值的比重代表α；资金占国民生产总值的比重代表β。根据（4.1）式中各要素的制约关系，可求出技术综合要素增长率，并通过各要素对经济增长贡献率的比较，即可判断所研究的经济系统的主要增长方式。

这个模型简单易行，而且数据也容易获得，但是，由于柯布—道格拉斯生产函数的一个隐含前提是，除资本和劳动外，其他生产要素如技术、管理、制度等微观及宏观变量等都不发生变化，事实上社会经济系统是动态的，其内部各要素都处于不断变化过程中，这些因素的变化发展又最终推动了社会经济系统的发展。因此，上述模型只适合于对经济的短期描述，在短期中，资本、劳动以外的要素都不会发生大的变化，一旦这些要素发生了变化，（4.1）式就不能很好地对现实进行拟合。

2. 柯布—道格拉斯生产函数的扩展模型。从现实情况来看，除了生产要素的投入，目前影响经济增长的主要因素还有以下三种：一是制度因素，适当的激励机制、完善的市场竞争体系及合理的制度安排所激发的经济效率。二是结构因素，由部门间边际生产率差异所引起的和需求结构变动所引发的资源再配置效应。三是供给因素，包括劳动力的增加、有形资产存量的增加、投资于正规教育及非正规教育所形成的人力资本存量的增加，投资于研究与开发所形成的科学技术的发展，资本的增加及规模收益递增等。分析上述因素，参照柯布—道格拉斯生产函数，得到扩展的经济模型：

$$\ln Y = \gamma + \alpha\ln L + \beta\ln K + \eta\ln U + \zeta\ln H + \delta\ln R \qquad (4.3)$$

其中，L 和 K 分别为劳动及资本的投入；α 和 β 分别为其产出弹性；U 为第一产业的产值占国内生产总值的比重，它很好地反映了产业结构的变动情况，也可以将它定义为结构转换系数；H、R 分别为人力资本数及 R&D 资本数；γ 为一个随时间变化的外生变量，表明那些在模型中没有体现出来但却对经济增长起影响作用的其他所有因素，如制度创新、效率等。按照经济增长的新古典分析，由资本及劳动力投入所解释的部分（$\alpha\ln L + \beta\ln K$）可以定义为外延式增长；而资本与劳动未解释的部分（又称为索洛余值）$g = \ln Y - (\alpha\ln L + \beta\ln K)$，则被定义为内涵式增长。若外延式增长对经济增长的贡献份额大于内涵式增长的贡献份额，则认为该系统的经济增长方式仍以粗放型为主；反之，则认为以集约型为主。

但是，这两种生产函数只把人力资本或劳动力看成一种投入要素，并假定技术进步中性，在实际经济系统中，各种投入对产出的影响不仅与各要素的数量有关，还与技术进步引致各投入要素之间的替代弹性有关[96～108]，因此，这些模型均不能准确地描绘各投入要素对经济发展的影响。

3. 指标体系综合评价法。由于在经济的运行过程中，生产要素的不同配置及经济增长目标的不同，使得在研究经济增长方式时必须选择全面且有主要影响的统计指标，用多个指标同时对经济增长方式进行描述，而且随着研究的深入，已从多指标的确定发展到指标体系的建立，但指标体系应由哪些指标构成，并没有取得共识。同时，这些指标到底能在多大程度上真实反映实际情况，还需进一步验证。建立了适当的指标体系之后，就该用数量分析方法对数据进行处理以定量测度某一经济系统的主要增长方式。

指标综合体系综合评价法多采用层次分析法和主成分分析法。层次分析法（analytic hierarcy process，AHP）是一种定性分析与定量分析相结合的多目标决策分析方法。对于结构复杂的多准则、多目标决策问题，是一种有效的决策分析工具。其基本思想是，根据问题的性质和要达到的目标，将问题按层次分解成各个组成因素，再按支配关系分组成有序的递阶层次结构。对同一层次内的因素，通过两两比较的方式确定诸因素之间的相对重要性权重。下一层次因素的重要性，既要考虑本层次，又要考虑上一层次的权重因子逐层计算，直至最后一层。最后，一般是要比较各个方案的权重大小。进行决策时，大体上应分为四个步骤进行：一是分析系统中各因素之间的关系，建立系统的递阶层次结构；二是对同一层次的各元素关于上一层中某一准则的重要性进行两两比较，构造两两比较判断矩阵；三是由判断矩阵计算被比较元素对于该准则的相对权重；四是计算各层元素对系统目标的合成权重，并进行排序。

主成分分析法（principal component analysis，PCA）是将多个变量通过线性变换以选出较少个数重要变量的一种多元统计分析方法，又称主分量分析，即设法将原来众多的具有一定相关性的指标（比如 P 个指标）重新组合成一组新的互相无关的综合指标来代替原指标。最经典的做法就是用 F_1（选取第一个线性组合，即第一个综合指标）的方差来表达，即 Var(F_1) 越大，表示 F_1 包含的信息越多。因此，在所有的线性组合中选取的 F_1 应该是方差最大的，故称 F_1 为第一主成分。如果第一主成分不足以代表原来 P 个指标的信息，再考虑选取 F_2 即第二个线性组合。为了有效地反映原来信息，F_1 已有的信息就不需要再出现在 F_2 中，用数学语言表达就是要求 Cov(F_1，F_2) = 0，则称 F_2 为第二主成分，依此类推可以构造出第三、第四、……，第 P 个主成分。主要步骤分为：一是指标数据标准化；二是指标之间的相关性判定；三是确定主成分个数 m；四是主成分 F_i 表达式；五是主成分 F_i 命名；六是主成分与综合主成分（评价）值[96~108]。

指标体系综合评价法是一种静态评价方法，也就是说，只能测定某一时点经济系统运行的状态，由于经济增长的历史性和动态性，涉及的指标可能很多，因此，在运用过程中存在以下主要问题：一是指标数量多、杂乱，使用不统一、不规范；二是在对互斥方案进行择优比较分析时，可能出现使用不同的指标会得出结论互相矛盾的结果；三是对有些指标的经济含义的认识理解有偏差，影响了这些指标的使用价值。

（二）模型建立

由于人力资本对经济增长的外溢效应是人力资本作用于物质资本、科技进步等生产要素，提高这些生产要素的质量，激发技术进步和创新，使经济活动具有更高的效率，从而对经济增长产生促进效应，具体表现为：一方面使其他生产要素的边际产出增加；另一方面使单位产出的投入成本下降。但大多数学者都采用 Cobb – Douglas 生产函数或 CES 生产函数等，这些生产函数只把人力资本或劳动力看成一种投入要素，并假定技术进步中性；在实际经济系统中，各种投入对产出的影响不仅与各要素的数量有关，还与技术进步引致各投入要素之间的替代弹性有关[109~141]，因此，这些模型均不能准确地描绘各投入要素对经济发展的影响。本书针对甘肃省与伊尔库茨克州人口特点，建立考虑人力资本的超越对数生产函数模型。

1. 模型的建立。超越对数生产函数是 Christensen 等提出的具有一般性的变替代弹性生产函数模型，是任何形式生产函数对数形式的一阶泰勒级数近似，具有易估计和包容性的特性，在结构上属于平方反应面模型，在投入空间内的邻域，可以较好地分析生产函数中各投入要素的相互影响、各种投入要素的产出弹性及技术进步随时间的变化率[102~103]，考虑人力资本的超越对数生产函数模型如下：

$$\ln Y_t = a_1 + a_2 t + a_3 \ln H_t + a_4 \ln K_t + a_5 t^2 + a_6 (\ln H_t)^2 + a_7 (\ln K_t)^2$$
$$+ a_8 \ln K_t \ln H_t + a_9 t \ln K_t + a_{10} t \ln H_t \tag{4.4}$$

其中，Y 代表示产出；K 代表物质资本存量；H 代表人力资本存量；同时考虑产出随时间的变化，将影响技术进步因素用时间的变化来表示，引入一个时间趋势变量 $t = T - T_0$，T 表示时间序列样本的时间（1990~2009 年），T_0 为样本的初始年份 1990 年，各类数据均来源于历年《甘肃统计年鉴》和《俄罗斯联邦统计年鉴》。

人力资本的完全产出弹性为：

$$\eta_t^H = \frac{\mathrm{d}Y/Y}{\mathrm{d}H/H} = \frac{\mathrm{d}\ln Y}{\mathrm{d}\ln H} = a_3 + 2a_6 \ln H_t + a_8 \ln K_t + a_{10} t \tag{4.5}$$

物质资本的完全产出弹性为：

$$\eta_t^K = \frac{\mathrm{d}Y/Y}{\mathrm{d}K/K} = \frac{\mathrm{d}\ln Y}{\mathrm{d}\ln K} = a_4 + 2a_7 \ln K_t + a_8 \ln H_t + a_9 t \tag{4.6}$$

技术进步的完全贡献率为：

$$\eta_t = \frac{\mathrm{d}Y/Y}{\mathrm{d}t/t} = \frac{\mathrm{d}\ln Y}{\mathrm{d}\ln t} = a_2 + 2a_5 t + a_9 \ln K_t + a_{10} \ln H_t \tag{4.7}$$

式（4.5）中第一项常数项 a_3 为人力资本的直接产出弹性，等于用 C－D 函数 $Y_t = A_t K^\alpha H^\beta$ 测算的人力资本的产出弹性 β，代表了人力资存量作为生产要素对经济增长的直接效应；后三项分别表示人力资本自身以及人力资本与物质资本、技术进步之间的相互作用所引起的经济增长弹性，是人力资本作用到其他生产要素所产生的，它代表了人力资本外溢效应的大小。同样，物质资本弹性公式（4.6）也分为两部分，即 a_4 为物质资本的直接产出弹性，后三者为物质资本的外溢产出弹性，用公式分别表述如下：

$$e_t^H = 2a_6 \ln H_t + a_8 \ln K_t + a_{10} t \tag{4.8}$$

$$e_t^K = 2a_7 \ln K_t + a_8 \ln H_t + a_9 t \tag{4.9}$$

2. 计算说明。影响经济增长差异的因素很多，如经济发展水平、劳动力、外商直接投资、人力资本、贸易、经济体制、市场规模、经济政策、地理区位、环境管制、文化差异等，但由于两地经济发展比较落后，各个区域之间人口分布差异非常大，为了进一步揭示两地经济发展差异的原因，本书在选择变量建立模型时，充分考虑两地的具体情况和经济发展的阶段性，利用超越对数计量模型来揭示人口等投入要素对区域经济发展差异的影响。用生产总值（GDP）代表总产出（Y），用固定资产总值（K）代表资本存量，按照价格指数进行平减；用从业人数变量（H）代表人力资本存量（L）。由于（4.4）式中各解释变量之间存在着互相替代的关系，即变量之间存在多重共线性，当解释变量之间存在共线性时不能直接使用最小二乘法进行回归分析，而岭回归就是一种专门用于共线性数据分析的有偏估计回归方法，它实际上是一种改良的最小二乘法，通过放弃最小二乘法的无偏性，以损失部分信息、降低精度为代价来寻求效果稍差，但回归系数更符合实际的回归方程，进而分析地区差异的成因。

二、甘肃省与伊尔库茨克州全要素贡献率参数估计及检验

（一）甘肃省全要素贡献率参数估计及检验

采用 SPSS 软件，应用最小二乘法对甘肃省全要素贡献率进行拟合，结果与参数检验如表 4-2 所示。

表 4 - 2　　　　　　　　　全要素贡献率参数回归及检验

R	0.994260212		校正 R^2	0.983870658	
R^2	0.98855337		标准误差	0.115928356	
F	211.1070064		Sig. F	0	
	B	SE(B)	Beta	T = B/SEB	Sig. T
a_4	0.46033 ***	0.00156	0.11195	38.63871	0.00000
a_3	0.34585 ***	0.04015	0.07179	8.61372	0.00000
a_2	0.01124 ***	0.00031	0.11554	36.11420	0.00000
a_5	0.00034 ***	0.00002	0.11853	22.81700	0.00000
a_7	0.00566 ***	0.00022	0.11277	25.77616	0.00000
a_6	0.02454 ***	0.00282	0.07196	8.69338	0.00000
a_8	0.00786 ***	0.00020	0.11065	39.59266	0.00000
a_9	0.00134 ***	0.00005	0.11615	26.39459	0.00000
a_{10}	0.00152 ***	0.00004	0.11498	36.87799	0.00000
常数项	0.92529 ***	0.42404	0.00000	2.18210	0.02003

注：*** 为5%水平显著；** 为10%水平显著；* 为15%水平显著。

由于引入反映技术进步效率的时间变量，各投入要素的弹性系数均与时间有关，为了简化计算和便于比较经济差异的深层原因，采用几何平均法计算这些地区各投入要素的平均产出弹性系数，计算公式如下：

$$\mu_t^H = \sqrt[n]{\mu_1^H \mu_2^H \mu_3^H \cdots \mu_n^H} \qquad (4.10)$$

计算结果如表 4 - 3 所示。

表 4 - 3　　　　　　　甘肃省各投入要素产出弹性系数

地区	n_H	n_k	a_3	a_4	e_H	e_k	n_t
甘肃省	0.3734	0.4851	0.3459	0.0603	0.0276	0.0247	0.02273

（二）伊尔库茨克州全要素贡献率参数估计及检验

同样，也采用 SPSS 软件，用最小二乘法进行拟合，计算可得伊尔库茨克州全要素贡献率及参数估计如表 4 - 4 所示。

表 4 - 4　　　　　　　　伊尔库茨克州全要素贡献率参数回归及检验

R	0.97540		R^2	0.94594	
R^2	0.95141		标准误差	0.36861	
F	174.03593		Sig. F	0.00000	
	B	SE（B）	Beta	T = B/SEB	Sig. T
a_4	0.20916 ***	0.01168	0.22335	17.91128	0.00000
a_3	0.19650 ***	0.02016	0.11570	9.74883	0.00000
a_2	0.03438 ***	0.00560	0.06264	6.14470	0.00000
a_5	- 0.00117 ***	0.00067	- 0.02412	- 1.76112	0.04102
a_7	0.01002 ***	0.00056	0.18339	17.91780	0.00000
a_6	0.01510 ***	0.00186	0.10477	8.10579	0.00000
a_8	0.01260 ***	0.00054	0.24372	23.43954	0.00000
a_9	0.00193 ***	0.00036	0.03927	5.37117	0.00000
a_{10}	0.00607 ***	0.00088	0.07030	6.93495	0.00000
常数项	4.47531 ***	0.18154	0.00000	24.65183	0.00000

注：*** 为5%水平显著；** 为10%水平显著；* 为15%水平显著。

按（4.10）式各投入要素的平均产出弹性计算公式，计算出伊尔库茨克州各投入要素的产出弹性系数如表 4 - 5 所示。

表 4 - 5　　　　　　　伊尔库茨克州各投入要素产出弹性系数

地区	η_H	η_k	a_3	a_4	e_h	e_k	η_t
伊尔库茨克州	0.5274	0.4773	0.1965	0.2092	0.3309	0.2681	0.0880

（三）甘肃与伊尔库茨克全要素贡献率对比

（1）从表 4 - 3 和表 4 - 5 中数据计算可得，甘肃省技术直接贡献率为 0.01124，技术进步的完全贡献率为 0.02273；伊尔库茨克州技术直接贡献率为 0.03438，技术进步的完全贡献率为 0.0880。两地技术进步率和科技贡献率都很低，经济增长主要是依靠人力资本和物质资本的投入，并且人力资本对经济发展的贡献率远远高出物质资本的贡献率。

（2）从劳动力的完全产出弹性、物质资本完全产出弹性来看，甘肃省劳动力和物质资本的完全产出弹性系数远低伊尔库茨克州。这是因为，伊尔库茨克州经济发展处于初期阶段，劳动力和资本投入都处于规模报酬递增阶段；而甘肃省则因为经济经过一个时期的高速增长，已经处于工业化中期阶段，资源对经济增长的制约日益凸显，劳动力和资本投入已出现规模报酬递减的趋势。

（3）从劳动力和物质资本直接产出弹性来看，甘肃省劳动力直接产出弹性系数为 0.3459，伊尔库茨克州劳动力直接产出弹性系数为 0.1965；甘肃省物质资本直接产出弹性系数为 0.0603，伊尔库茨克州物质资本直接产出弹性系数为 0.2092。两地劳动力和物质资本对经济增长的贡献率均不超过 40%，不同之处在于，甘肃省经济发展属于劳动密集型发展模式，资本—劳动比较低，而伊尔库茨克州劳动力与资本投入比较均衡。这主要是因为资源条件不同所造成的，因甘肃省人口增长速度快于自然资源的再生速度，面对人口不断增多，只有发展劳动密集型产业，因而资本—劳动比不断下降；而伊尔库茨克州拥有丰富的自然资源，因而增加劳动力投入的同时，资本—劳动比并不会下降。

（4）从劳动力和物质资本的外溢弹性来看，甘肃省的人力资本和物质资本的外溢弹性远低于伊尔库茨克州，这是因为所处的经济发展阶段不同所导致的。在经济发展的初期阶段，技术创新与变革很容易实施和推广，而且成本很低廉，对于经济增长的作用也非常显著，因而很容易产生示范作用，促使人们加强对新知识的学习。但当经济发展到一定程度以后，知识和技术创新的成本很高，而且很容易被模仿，因而人们不仅会加强对新技术和新知识的保护，并且还会导致技术和知识创新的动力不断下降，这些都将导致劳动力和物质资本的外溢弹性不断下降。

三、甘肃省与伊尔库茨克州制约全要素贡献率因素分析

新经济增长理论认为，自然资源是经济增长的基础，技术进步、劳动及资本只有利用自然资源并对其进行恢复保护，经济增长才是可持续的。但是，由于人口迁移和经济发展对各类资源的需求，人力资本和自然资源潜力仍是决定地区经济增长最重要的因素。在苏联地域生产综合体理论的指导下，伊尔库茨克州如同甘肃省一样，形成了强大的工业基地，有伊尔库茨克中部区域性生产综合体和布拉茨克–乌斯季伊利姆地区生产综合体，对本地经济发展起了重要的作用。但伊尔库茨克州区域发展模式也存在着不少问题：俄罗斯向市场经济转轨后，远东地区得到财政补贴和国家订单减少，经济陷入困境，亏损企业数量、失业人数和收入低于贫困线的人口均超过俄罗斯平均水平。

（一）自然及区位条件差

甘肃省和伊尔库茨克州同样都是地处两国偏远地区，自然条件差，如伊尔库茨克州是俄罗斯亚洲部分的典型地域，它远离俄罗斯欧洲工业和居民集中的地

区。无论是西方还是东方的发达国家都与该州相距甚远，彼此没有共同边界。伊尔库茨克州南北地域人口较少，开发薄弱，在经济发展过程中，区际分工格局受到区位的制约，这制约了其经济发展的横向联系。理论界通过 FDI 来客观地描述一个地区的区位条件，如果一个地区的 FDI 越多，则证明该地区的区位条件更优越、贸易条件越好，其获得经济发展的资金和机会就更多，可是两地吸引 FDI 的能力要远远小于资源禀赋较差的其他地区，这种区位劣势导致了两地资源禀赋优越的地区利用外资的条件和数量远不如资源禀赋较差的发达地区，这在一定程度上形成了区域发展资金"瓶颈"，致使经济增长所需的资金匮乏，经济增长动力不足，但两地都具有独特的经济地理和地缘政治位置，必将成为西方和亚太国家之间的联通环节[109~112]。

（二）经济社会发展基础薄弱

1. 企业创新动力不足、能力不强。企业是从事生产和经营的基本单位，是重要的市场竞争主体，也是创新动力和创新成果的重要来源，创新和变革应该是企业持续发展的永恒主题，是实现经济现代化的关键因素。20 世纪以来，西方发达国家的中小企业在技术创新上占有越来越大的份额，发挥着越来越重要的作用，例如，德国 2/3 的专利技术是由中小企业研究出来并申请注册的，而美国大约有 70% 的创新项目是由中小企业完成的，中小企业已成为促进技术进步的关键所在。但甘肃省和伊尔库茨克州同样拥有优越的资源禀赋，经济发展绩效却不如国内发达地区，一个重要的原因是社会基础差异，这主要包括区域的人口状况、中小企业经营状况、科教文化水平、思想观念等方面的差异。甘肃省人口增长过快和人口素质普遍低下、中小型企业不仅数量偏少而且创新能力也不强，难以推动经济社会可持续发展。另外，人口总量的不断增加抵消了科技进步所带来的经济发展，长期僵化的计划经济模式的束缚，人们的改革开放和市场经济意识不强，思想较为保守，改革步伐缓慢，科技和文化发展明显落后东部地区，使得经济发展整体远远落后于东部地区。

经过近 20 年的经济转轨，伊尔库茨克州以非国有制为主导的多元化所有制体系为基础的市场经济框架逐步形成，但迄今没有培育出真正的市场竞争主体，没有形成具有创新精神的企业家阶层，再加上伊尔库茨克州长期人口负增长、人口外迁不断增加，这些已严重制约该州经济的健康可持续发展。从大型企业来看，伊尔库茨克州的大型企业目前还缺少变革力量和创新动力，这种情况主要是由资源依赖型经济发展模式最大受益人——俄罗斯精英造成的，这些精英缺少改革的动机，而且在俄罗斯的地位非常巩固，甚至作为权力上层牢固地控制着局势。尤其严重的是，一些大型企业并非将利润投到新企业的创建方面，而是将这些资金大量地移往国外；从中小型企业来看，由于在市场准入、获取资源和资金等方面存在严重障碍，中小型企业始终处于市场竞争的弱势地位，主要表现为管理水平落后和创新能力不足。

2. 基础设施不完善。两地交通不便是制约经济发展的首要因素。伊尔库茨克州地区虽有丰富的自然资源，但生产技术不配套、基础设施比较薄弱。在苏联时期，该地区是全国重要的军工生产基地，长期以来实行封闭政策，除了一些生活性基础设施发展不足，如东部地带的 TPC 普遍存在住宅、学校、医院、娱乐设施不能满足国民生活需要，在生产性基础设施上也存在着严重匮乏或不能按时保证需求的问题，如石油、天然气开采基地与生产资料、消费品供应地之间联系往往是在没有开通铁路状况下建立起来的，通往矿区的公路也常在开采高峰过后运输量减少时才交付使用；内河码头不足，河道疏竣工作缓慢，小吨位船只与破冰船不足等，这些都影响了综合体日常生产与生活的正常运转，基础设施建设不能与社会发展同步、基础设施的发展程度低于其他地区。向市场经济转轨后，持续多年的经济危机使俄罗斯远东地区的基础设施落后、设备老化、技术过时等问题更加严重。远东的铁路、公路等运输能力低，港口吞吐量小，严重制约着俄罗斯远东地区与东北亚各国的经贸合作发展，而且由于设备老化、工艺落后，使各生产部门生产效率低下，浪费惊人。比如，同样开采一口油井，如果用美国的设备，可开采油 1000 吨，而用俄罗斯的设备只能开采 400 吨。

因此，区域经济快速发展、发展模式不断优化调整等，不仅需要国家的政策调整和资金扶持，更离不开企业和公众的积极参与，而两地全要素生产效率不高，主要原因是企业和公众创新能力不强，经济社会发展的基础薄弱。

（三）投资风险大，难以吸引国内和国外的资金

1. 投资回报率低，利用外资困难。如伊尔库茨克州从政治风险看，苏联解体后，国内政治局势不稳定，反映在行政和立法机构之间、中央和联邦主体之间存在激烈矛盾。此外，法律制度混乱，许多条款相互矛盾，缺乏有效保护投资者权益的法律措施；从经济风险看，向市场经济转轨以来，俄罗斯经济持续下滑，通货膨胀居高不下，税种繁多、税率过高，使外资企业难以承受；从社会风险看，俄罗斯社会问题严重，随着俄罗斯向市场经济过渡以及最初改革措施给国家和社会带来的震荡，使经济犯罪和社会犯罪获得了迅速滋生与繁衍的条件，主要表现为犯罪率迅速上升，社会治安混乱，抢劫、杀人犯罪猖獗，各种有组织的犯罪已深入社会的各个角落。由于法制不健全，各级政府部门腐败现象蔓延，一些官员以权谋私，行贿受贿，且越来越公开化。这种现象促使外国投资者对合作对象失去了信任。在上述情况下，俄罗斯的一些最具吸引力的条件，如丰富的自然

资源、强大的生产和科技潜力、低廉的劳动力显现不出任何吸引力。

2. 科研经费投入不足、技术创新乏力。从科技三项费用占财政支出比重来看，甘肃省、伊尔库茨克州科技投入还未占到当年财政支出的1%，资源主导的产业结构严重制约了科研经费的投资规模，科技能力的高低是衡量经济发展阶段的重要标准，只有在现代制造业和高科技产业为主的经济结构中，人力资本才能充分发挥作用，科技能力才能保持较高的水准，资源开采部门本身对熟练或者是高素质劳动力的需求就严重不足，加之资源禀赋优越的地区一般是以采掘业及相关的低级制造业为主的产业结构，这种经济环境需要的是对工资要求不高的低技术廉价劳动力，如果人力资本投资的回报率小于折现率，资源禀赋优越地区就会向资源产业投资，这虽然导致短期的经济增长，但却导致长期科研经费投入不足，企业和区域的技术创新能力衰退。

（四）人才流失问题严重

人才的流向是有规律和明确指向的，一般总是流向待遇优厚、创业环境优良的地区，资源禀赋优越地区与国内经济特区和发达地区相比，在生活条件、工作环境、人才服务水平等多方面都存在较大的差距，而且发达地区在资源短缺约束的情形下，积极发展高新技术，为吸引高科技人才奠定了宽厚的产业基础，但此时资源富集区经济增长仍过度依赖低技术的采掘业，使得这些地区不仅在人才的吸引方面缺乏竞争力，而且本土的科技人才还面临流向国内发达地区，特别是随着全国统一人才市场的建立，人才流动地区间障碍的逐步消除，人才向发达地区流动变得更加容易，进一步加剧了资源富集区科技人才的流失，导致区域高新技术人力资本积累不足，区域整体创新能力下降。

甘肃省和伊尔库茨克州由于经济发展水平落后，人才流失都很严重。如俄罗斯在体制改革和金融危机的影响下，经历了严重的倒退，伊尔库茨克州职工实际工资水平下降了很多，与国外相比相差数十倍，而俄罗斯继承的苏联的科学家和技术人员都经受过非常好的训练，具有世界一流水准，在生活水平严重下降的情况下，在生计难以维持的情况下，很多人不得不另谋出路，到国外去工作。与此同时，欧美等发达国家也看中了俄罗斯大量的既廉价又优质的劳动力，纷纷到俄罗斯网罗人才，造成俄罗斯高级人才大量流失，损失极大。有专家估计，俄罗斯每年人才外流造成的损失有几百亿美元。这只是从短期经济意义上考虑的。事实上，人才是国家经济发展最根本的动力，没有了人才，就没有了创新，这种影响将是长期的、根本性的，并且将会在不远的未来不断凸现出来。

（五）制度安排的缺陷效应

自然资源产权安排反映了一国经济运行的制度安排，也决定了经济资源的配置效率。随着市场经济转轨步伐的加快，中国与俄罗斯一样经历了产权的变迁，从总体来看，制度变迁在向有利于自然资源合理配置的方向渐进，但变迁的成本高、步伐缓慢，市场化进程不快，以致自然资源产权市场目前尚处在市场发育阶段。

1. 中国自然资源产权安排的缺陷。新中国成立后，中国建立了自然资源产权共同所有制度，这种自然资源产权制度安排虽然有着至高无比的公共性，但由于其逐渐不适应我国经济发展，对自然资源的配置效率逐渐降低，由此自然资源产权市场开始了适应性的制度变迁。然而，自然资源产权至今尚没有真正走出公共所有制模式，私权进入和交易自然资源产权仅局限于一些狭小的领域，整个自然资源产权市场还没有真正发育起来。总体来看，一是强制性公共产权和合理性公共产权界定模糊，大部分自然资源以国有产权为主体，国家对大部分自然资源拥有所有权，人们必须通过集体行动来行使并实现其公共的特征。在经济转型过程中，对自然资源进行管制，中央政府的目的可能是为了控制资源朝着高效率的方向配置和使用，但在实际运作中，各级地方政府管制的结果往往与中央政府的初衷背道而驰，中央政府以实现公共利益为其行为的宗旨，而地方政府却以政府管制为其行为的出发点。因此，在自然资源的公有产权制度和政府审批制下，掌握资源控制权但并不获得控制权收益的地方政府在执行权利的过程中，其行动的目的可能更多的是为了自己的利益，因此，导致地方政府通过控制权的转让而设立门槛，向企业寻租，从而引发了委托失灵和代理失灵，致使经济效率严重受损[113~117]。

2. 俄罗斯自然资源产权安排的缺陷。近几年，重新国有化战略使俄罗斯政府几乎在每个重要战略领域都建立了大型国有控股企业，将很多重要战略领域置于国有企业垄断之下，大大强化了国家对经济的控制。目前，俄罗斯政府持有本国约5500家企业的股份，俄罗斯政府直接和间接控制的企业占俄罗斯经济总量的45%~50%，这一比例远高于全球30%的平均水平。国有企业的垄断与市场竞争原则不相容，与经济开放原则不协调，它不但损害中小企业和外国投资者的利益，也损害俄罗斯消费者的利益。由于俄罗斯国有企业的垄断性、封闭性和缺乏创新动力，已出现企业效率日益下降和国有资产不断流失的情况，这将成为俄罗斯经济现代化的严重障碍。

由于俄罗斯大型国有企业的领导人一般由政府委派，从而容易产生官商结合的腐败。政府官员腐败是俄罗斯积重难返的病症，已作为一个制度性问题成为经济发展的最大障碍。据不完全统计，俄罗斯每年因腐败造成的经济损失高达3000多亿美元，而且呈现增长势头。仅2009年被查处的涉及腐败的案件就高达1.2万起。其中，侵吞国有资产案件占79.8%，受贿案占15.5%。政府官员腐败直接导致企业对政府管理机关的不信任，严重削弱企业家的创业热情，尤其不利于风投资本青睐的中小企业的发展，从而阻碍经济现代化的进程[110]。

除上述因素以外，固定资产破损严重、基础设施陈旧和资金短缺，也是俄罗斯经济发展、创新和现代化的严重障碍。固定资产破损严重成为俄罗斯制成品在国际市场上缺少竞争力的主要原因之一，大规模更新设备与改造基础设施需要大量的资金和技术投入。显然，仅靠本国力量远远不够，而要引进国外资金和技术又存在市场经济与制度质量的制约[110]。

（六）要素转移对两地影响

由于区域模式存在着诸多缺陷、经济发展水平低，因此，两地都经受着人才和资本外流的双重影响，而要素转移又使得两地发展面临着许多制约。

1. 劳动力要素转移效应。由于国际资源产品价格不断上涨，导致资源采掘业劳动力工资不断上涨，我们仅考虑流入资源所在地从事资源采掘业的劳动增多对当地经济增长的影响，在区域外部劳动力向资源所在地采掘业转移的过程中，劳动力从区外流入区内、从工资较低的地区流入工资较高的地区，通常产生提高采掘业劳动的边际生产率和报酬水平、降低或抑制制造业劳动的边际生产率和报酬水平的效果，从人力资本上约束经济增长。因为甘肃省和伊尔库茨克州都是人才流出地，同时又都是资源富集区，采矿业又是优势产业，其发展前景和保障程度都明显优于其他产业，劳动力流动对两地来说：一方面不仅会挤出制造业人力资本积累，抑制制造业的发展；另一方面人才流出虽然可能会增加其收入或解决其失业问题，从而有利于减轻就业压力，但同时也挤走了该地区具有潜在创新能力的人力资本，区域经济不可能实现快速和跨越式发展，从而影响地区的长期可持续发展。

2. 资本要素的转移效应。资本要素的转移应该包含流入效应和流出效应。从流入效应来看，采掘业的资本相对投入规模增加，限制了其他部门的资本投入水平，资本在部门之间的转移使制造业和相关的技术服务业水平的提升缺乏动力。资本流入是如何约束经济增长的呢？我们从成本—收益的角度来研究资源禀赋优越地区资本流入的动因，同时假定地区之间资本要素的转移规模一定，资源禀赋优越的地区采掘业资本要素转移较快，是因为采掘业资本流入能为本地经济发展带来利益。

$$U = T(S)K(S)^{\alpha}L(S)^{\beta} - C(S, Z) \tag{4.11}$$

其中，U 为采掘业资本流入带来的区域福利的总效应；S 为采掘业与资本的关联性；T 为采掘业资本流入的技术溢出效应；K 为采掘业资本流入的关联资本投入；L 为采掘业资本流入所带动的劳动力的投入。

$\dfrac{\partial T}{\partial S} > 0$，即资源富集区得益于为采掘业配套而提高的技术水平和采掘业的关联效应存在正相关关系。

$\dfrac{\partial K}{\partial S} > 0$，即资源富集区受资本转移的影响而投入生产中的资本和采掘业的关联效应存在正相关关系。

$\dfrac{\partial L}{\partial S} > 0$，即资源富集区受资本转移的影响而增加的就业岗位和采掘业的关联效应存在正相关关系。

资源禀赋较高的地区资本流入的第一个条件是资本流入与区域经济的关联性越强，资源富集区越愿意吸收流入资本。如果区域内采掘业提供服务的机构和企业越多（即 S 越大），流入资本的拉动范围就将越大。特别是流入资本集中于资源开采，而彻底放弃对其他行业发展的扶持，则资源所在地企业自生创新能力就会受到简单的资源开采行业的排挤，其产业结构的升级就会受到制约（即 $T(S)$ 就越小），因流入资本的使用倾向不能带动区域内本土企业的技术水平提高，区域内资源采掘业资本体系内技术水平的提高将受到一定程度的限制，导致其产品在市场上的竞争力会逐渐下降，最后依靠资源索要高价的条件也将不复存在。

资源所在地吸收资本流入的第二个条件是配套成本的资产专用性越低，资源所在地越乐意吸收投资。但是，随着流入资本的增多，资源所在地提供的配套成本的专用性程度将会提高，对于资源所在地的风险就越大，因为一旦资源出现枯竭或是资本转移到其他地区，这些配套成本将不能作为其他用途。同时，由于受历史和发展习惯等因素影响，资源型地区经济发展模式过于单一，由于产品以能源、原材料等上游产业产品为主，企业和主导产业受经济周期投资波动的依赖性较强，经济扩张时原材料、能源紧张，资源过度开采、过度利用；经济萎缩时投资需求减少，能源、资源等基础性需求大幅回落，资源型企业和相关产业的经营处于困境。经营形势的大起大落极不利于资源型地区的长期稳定发展，并且资源型地区主导产业间关联度强，市场风险比较集中，很容易出现一荣俱荣、一损俱损现象，造成地方经济发展的忽冷忽热[118~125]。

综合资本流入的动因和资源所在地吸收流入资本的动因来看，对于资源禀赋优越的地区，如果资源所在地拥有比较完善的配套企业和机构，具有比较完备的基础设施，其为资源采掘业提供配套服务将会越专业，产业关联性将会降低。从长期看，流入资本将会约束区域经济增长，促使经济完全依附于资源采掘业的地方经济体系，也可能因为锁定效应，而使得地方经济停滞在一个比较低的发展阶段。

从流出效应看，资本外流将导致地区经济增长乏力。由于技术水平的限制，资源的开采会伴随着严重的环境污染甚至伤亡事故，直接威胁到人们的生存与生活。另外，资源一般都位于偏远的农村地区，城市化水平严重滞后，基础设施薄弱，与城市化水平较高地区的生活环境相差甚远，为了寻求舒适的生活空间和消费场所，一些依靠资源采掘致富的资源所在地居民就会将资金转移至环境较好和城市化水平较高的地区。由于当地制造业逐渐萎缩，资源采掘积累的资金缺乏可供投资的对象，投资环境的恶化不仅难以吸取外部资金的进入，也迫使本地投资者将资金转移至其他地区寻觅投资机会，这就形成一方面政府花大力气、高成本从外面引资而另一方面本地资本却不断对外转移的资金"漏斗"现象。

第五章　资源约束下甘肃省与伊尔库茨克州区域发展模式选择

对于欠发达地区来说，经济在发展的初期阶段一直依靠土地、劳动力等资源进行发展，在自然资源面临约束的情况下，才进行经济增长方式的提升。很多区域的自然资源不丰富，但是地理位置比较优越，比如中国东部沿海地区，由于自然条件的约束，自然资源储量不足。但正是由于自然条件的约束，这些地区利用自身的区位优势，加快资源流动，不仅能够吸引自然资源，同时还能吸引大量的资金流、信息流、技术流等。在各种资源面临约束的情况下，对于发达地区依靠传统经济增长方式积累大量的资金、技术之后，应该适时转变经济增长模式，主要是增加生产中所需的技术水平，当发达地区经济发展成熟之后，再带动欠发达地区经济发展，最终使经济增长方式发生改变。

第一节　自然资源约束下的经济增长

在区域发展初期，主导产业依托资源密集型产业，因此，该阶段对资源的依赖最大，其经济增长速度严格受制于资源的丰度及结构等。当资源开发广度达到一定阶段之后，开采的边际成本不断增加，当边际成本与边际效益相等的时候，资源的开发没有潜力可言，经济发展也会受到限制，所以此时人们对资源会进行深度的开采。到了工业化中后期阶段，人们开始进行地下资源的开发利用，进而推动经济发展。区域中拥有丰富且品质优良的矿产资源，有利于产业发展，并且在相当长的一段时间内，依托资源就地加工、产品就地转移，加快产业结构调整；而对于缺乏矿产资源的区域，经济高速发展主要依托的是区位优势等。因此，这个阶段经济发展速度主要是受到资源深度开发、区位条件、技术条件、社会经济发展水平等因素的影响。

一、资源约束下的经济增长

(一) 资源对经济增长的约束理论

约束理论（theory of constraints，TOC）的基本理念是：限制系统实现目标的因素并不是系统的全部资源，而仅仅是其中某些被称为"瓶颈"的个别资源。约束理论认为，系统中的每一件事都不是孤立存在的，一个组织的行为会由于自身或外界的作用而发生变化，尽管有许多相互关联的原因，但总存在一个最关键的因素，找出制约系统的关键因素加以解决，能起到事半功倍的作用。目前，国内外大多数学者一致认同自然资源对经济增长的约束是由于自然资源的稀缺性决定的，即自然资源的供给数量或质量不能满足经济社会发展的需求；但从约束理论的内涵和外延出发，任何事物都有数量和结构的差异，也就是说，任何事物在数量或结构上都存在缺一不可和过犹不及两种状态，而这两种状态都应该是产生约束的原因。由于自然资源在经济增长过程中具有不可替代的作用，所以自然资源约束是指，在经济社会发展过程中，由于自然资源的供给数量减少或结构变化引起开发利用难度提高，自然资源供不应求与供给过剩对社会经济发展形成制约的过程和现象。这里所论述的自然资源对经济增长的约束，从形式上包括两个方面：一方面是由于自然资源短缺，即供不应求引起的自然资源对经济增长的约束；另一方面是由于自然资源禀赋优越但资源结构不合理所引起的自然资源对经济增长的约束[120~125]。

虽然这两种资源约束导致的结果均是阻碍地区的经济增长，但在实质和产生的原因上却存在显著的差异。资源短缺引发的对经济增长的约束是指经济社会发展所需要的资源供不应求，对发展形成的制约，其表现为：一是短期内经济社会发展面临的国内外资源供应紧缺；二是国内外资源供给对长远发展所形成的潜在约束。而资源禀赋优越但结构不合理的结构性过剩所引致的经济增长的约束是指由于资源丰饶导致的对经济增长要素的吸引和控制，对经济社会发展的制约表现在：一是收入分配的不平等；二是人力资本投资不足；三是产业结构畸形。从两者导致的原因入手，可以看出，破解两种约束的途径也不尽相同，资源短缺引发的数量控制型约束主要表现为短期经济增长速度受到限制，因此，可以通过增加资源供给数量达到缓解资源对经济增长束缚的目的；而资源结构性过剩引发的质量控制型约束主要表现为短期经济增长速度较快，但长期增长将可能停滞或后退，其引发的原因较为复杂，所以破解这种约束的方式和方法也相应较为复杂[120~125]。

如图 5-1 所示，数量控制型资源约束对经济发展的限制作用主要是：自然资源供给数量的不足制约着经济发展的规模与成长速度，资源总量约束决定经济长期发展的规模和增长速度，而个别的资源短缺所造成的资源约束会使短期经济发展受到抑制，从而成为短期经济发展的"瓶颈"；但从长期看，经过结构调整和资源的替代选择，个别资源的短缺不会影响经济发展的规模和成长速度。

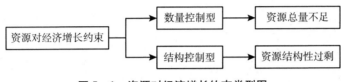

图 5-1 资源对经济增长约束类型图

结构控制型资源约束对经济发展的限制作用主要是：自然资源禀赋优越导致资源结构性约束，即经济增长要素发展不平衡，从而形成了对经济体的结构约束。经济发展的结构就是经济发展的模式，或者说经济发展的模式是以动态的方式描述经济发展的结构。由自然资源禀赋优越所导致的结构控制型资源约束限制着经济发展模式的选择范围，一定的资源约束条件决定着经济发展的模式。

（二）自然资源约束下的经济增长路径

自然资源对经济发展有重要的支撑作用，没有充足的资源保证，经济难以实现可持续发展；同时，自然资源对经济发展也有重要的约束作用，许多资源的供给能力不是无限的，自然资源的承载能力反过来也制约经济增长的速度、结构和方式[126~132]。

假设经济增长函数 $GDP(t)$ 为资本—劳动力 $k(t)$ 与自然资源投入（t）的函数，即：

$$GDP(t) = f[k(t), R(t), t] \tag{5.1}$$

其中，t 为时间。

对于生产函数 f，由于技术内生使得人均资本占有量为技术进步的外在表现形式，即由于技术进步导致人均资本占有量越来越高。同时，做出如下假定：第一，各个生产要素 $k(t)$、$R(t)$ 之间存在着可替代性；第二，当一种生产要素投入固定时，增加另一种投入后的边际收益递减；第三，投入变动可改变函数关系。

1. 无限供给条件下的经济增长。自然资源的无限供给是相对于资本和劳动力的供给来讲的，它的无限性是指自然资源具有相对丰富的存量，即资源的可利用量与开采成本不随时间而变化，既不受资源利用速率的影响，也不受累积资源利用总量的影响。在自然资源供给无限的条件下，资源商品的生产函数 $R(t)$ 呈现出固定不变的规模收益。资源商品产量与资本—劳动比同比例增长。在这种情况下，限制经济增长的因素是资本—劳动的投入，自然资源不是限制经济增长的因素[126~136]。因此，经济增长呈直线式发展，如图 5－2 所示。

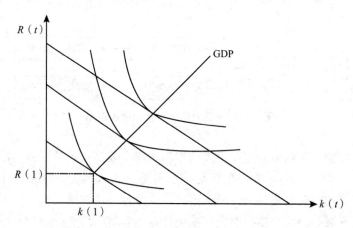

图 5－2　自然资源无限供给条件下的经济增长

2. 有限供给条件下的经济增长。自然资源的供给有限是指自然资源商品生产的产量达到一定数量后，由于资源储量的限制，即使资本—劳动等要素投入继续增加，社会总产品的产量将不再增加。在自然资源供给有限的情况下，在初始阶段随着 $k(t)$ 的增加，$R(t)$ 的投入也等比例增长，经济持续增长；但当 $R(t)$ 的储量减少到某一极限后，尽管再增加投入 $k(t)$，但 $R(t)$ 却不能随之增加，所有追加的 $k(t)$ 投入单独作用于 GDP 的生产，这里社会总产品将不再增加。

当 $R(t)$ 达到极值后，$GDP(t)$ 不能与 $k(t)$ 成等比例增长，如果 GDP 生产函数的规模收益是固定或递减的时候，即使 $k(t)$ 投入增加，总的 GDP 上升，但是单位资本—劳动所产出的 GDP 将不断下降；如果 GDP 生产函数的规模收益是规模递增的，则在某些情况下才能与 $k(t)$ 成比例增长，但 $k(t)$ 无论在任何技术状况下都会上升，每单位资本的 GDP 最终都会下降。需要注意的是，如果考虑自然资源跨时期有效配置，这时产品生产成本虽不会提高，但由于不可能将自然资源用于未来更有价值的用途，致使自然资源的稀缺性增强，其资源产品市场价格上涨[126~136]。具体如图 5－3 所示。

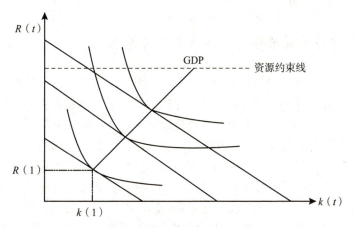

图 5 – 3　自然资源有限供给条件下的经济增长

3. 级差供给条件下的经济增长。任何自然资源的存量都是有限的且生产成本与日俱增，因此，稀缺性也越来越严重。由于其生产成本和环境成本的提高，稀缺地租增长较快，从而使自然资源产品的市场价格长期上涨，自然资源的级差供给是自然资源商品生产函数呈现规模收益递减，单位资源商品生产成本随着生产增加而增加。$k(t)$ 必须以大于 $R(t)$ 的增长速率而增长，这就产生了 GDP 增长缺口。k 和 R 之间以非对称的形式（即 k 的增长对应较小的 R 的增长）向外扩展。如图 5 – 4 所示，随着 k 投入的不断增加，R 的增加幅度却在下降，在不可再生资源的级差供给条件下，R 的相对价格必然逐渐上升[126~136]。

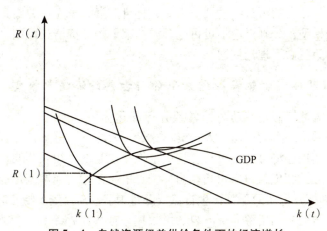

图 5 – 4　自然资源级差供给条件下的经济增长

二、经济增长过程中的自然资源约束模型

经济增长不论是在发达国家还是在发展中国家，都处于一个极其重要的地位。前者渴望通过经济持续增长而继续保持繁荣，后者则将其视为摆脱贫困、走向富裕的根本途径。但是，主流增长理论研究中存在的一个问题是：无论是新古典增长理论还是内生增长理论，在研究增长问题时大都回避了自然资源对经济增长的约束问题。然而，随着经济的不断增长，资源对经济的约束作用越来越明显了，尽管经济增长对资源的影响在 20 世纪初甚至更早就已经初现端倪，但是真正引起经济学家对资源问题关注的还是在 20 世纪 70 年代石油危机之后。传统的经济增长模型很少考虑自然资源对经济增长的制约作用，所以很难从理论上解释经济增长的制约因素。因此，在构建经济增长模型时应考虑不可再生自然资源对经济增长的约束，即如何在不可再生自然资源约束下实现经济的可持续增长？中国学者赵丽霞等将能源作为新的变量引入柯布—道格拉斯生产函数，建立向量自回归模型，分析了中国经济增长与能源使用之间的关系，得出能源在我国经济发展过程中具有不可完全替代的作用[133]；王海建利用卢卡斯的人力资本积累内生经济增长模型，将耗竭性资源纳入生产函数，得到了模型的平衡经济增长解及其在耗竭性资源可持续利用的政策含义[134]。赵丽霞没有考虑不可再生资源的可持续利用问题；王海建虽然考虑了耗竭性资源的可持续利用，但没有考虑资源存量的变化问题。笔者认为，由于不可再生自然资源不具备可再生能力，因此，我们所能做的只是尽可能延缓其耗竭速度，避免由于某种重要的不可再生自然资源枯竭而影响经济和社会的可持续发展。为此，将自然资源作为一种要素投入纳入不同的经济增长模型，分别讨论不可再生资源约束下的经济增长模型，为探寻缓解资源约束的对策提供了理论依据。

（一）不可再生自然资源约束下的新古典经济增长模型

为了讨论方便，假定劳动力为常数并标准化为 1，设 Y、K、S、C 分别为 t 时刻国民经济系统的人均产出、人均资本存量、人均不可再生自然资源存量、人均消费。为了实现经济可持续增长，将决定把一定量的不可再生自然资源在 t 时刻投入生产（在此我们假设不可再生自然资源的生产始终能够满足经济发展的需求），设 t 时刻投入生产的不可再生自然资源量为 E，其存量 S 随着时间 t 的变化而变化，不可再生自然资源存量的自然增长速率或再生速率为 σ，则 t 时刻不可再生自然资源存量的变化率满足如下方程：

$$\frac{\Delta s}{S} = \sigma S - E \qquad (5.2)$$

将不可再生资源作为生产要素引入柯布—道格拉斯生产函数，且规模报酬不变，则生产函数如下：

$$Y = F(K,\ S) = AK^{\alpha}E^{1-\alpha} \tag{5.3}$$

式（5.3）中，A > 0 为常数，代表一定时期的生产技术水平；K 为人均资本存量，E 为人均不可再生资源投入；α、$1-\alpha$ 分别为资本、不可再生资源的产出弹性系数，且 $0 < \alpha < 1$。为简化计算，忽略技术进步，则 K 满足如下方程[133,134]：

$$\frac{\Delta k}{K} = Y - C - \delta K = AK^{\alpha}E^{1-\alpha} - C - \delta K \tag{5.4}$$

式（5.4）中，C 为人均消费；δ 为资本折旧率；$\dfrac{\Delta k}{K}$ 为人均资本变化率。

由于不可再生资本对经济发展的不可替代性，在保证经济可持续发展的前提下，不可再生资源存量 S 具有非负增长率，或者 t 时刻投入生产的不可再生资源量 E 具有非负增长率，即不可再生资源存量随着时间保持不变（零增长）或随着时间而增加（正增长），t 时刻投入生产的不可再生资源量 E 不超过不可再生资源再生量 δS，即 $E \leqslant \delta S$。而 E 负增长含义是指投入生产的不可再生资源随着时间而减少，即：随着经济发展的技术进步，经济对不可再生资源的依赖性减小。

设消费者的效用函数为 $U(c) = \ln C$，不同时刻的效用贴现率为常数 ρ。政府面临的问题是在（5.3）和式（5.4）的约束下，决定人均消费 C 和 t 时刻不可再生资源投入量 E，使得消费者贴现后的总效用最大化，即求非线性规划的最优解：

$$\max \int_{0}^{\infty} \ln C \cdot e^{-\rho t}\mathrm{d}t$$

$$\text{st.} \begin{cases} \dfrac{\Delta k}{K} = AK^{\alpha}E^{1-\alpha} - C - \delta K \\[2mm] \dfrac{\Delta s}{S} = \sigma S - E \end{cases} \tag{5.5}$$

新经济增长理论认为，在长期经济增长过程中，多数国家或地区的经济增长具有稳态特征，即在长期经济增长过程中所有人均变量的增长率均为常数[88]。为此，针对式（5.5）求最优方案，构造 Hamilton 函数：

$$P = \ln C + \lambda_1(AK^{\alpha}E^{1-\alpha} - C - \delta K) + \lambda_2(\delta S - E) \tag{5.6}$$

其中，λ_1 和 λ_2 分别为 t 时刻资本和不可再生资源的影子价格。

在式（5.6）中，C 和 E 为控制变量；K 和 S 为状态变量。最优化条件为：

$$P_C = 0 \Rightarrow C^{-1} = \lambda_1 \tag{5.7}$$

$$P_E = 0 \Rightarrow \lambda_1 AK^{\alpha}(1-\alpha)E^{-\alpha} = \lambda_2 \tag{5.8}$$

$$\frac{\mathrm{d}P}{\mathrm{d}\lambda_1} = \rho\lambda_1 - P_K = \rho\lambda_1 - \lambda_1 A^{\alpha}K^{\alpha-1}E^{1-\alpha} + \lambda_1\delta \tag{5.9}$$

$$\frac{dP}{d\lambda_2} = \rho\lambda_2 - P_s = \rho\lambda_2 - \lambda_2\sigma \tag{5.10}$$

由于在稳态增长条件下，各人均变量的增长率为常数，因此，对其求导，则有：

$$\frac{\Delta\lambda_1}{\lambda} = -\frac{\Delta C}{C} \tag{5.11}$$

$$\frac{\Delta\lambda_2}{\lambda_2} = \rho - \sigma \tag{5.12}$$

$$(\alpha - 1)\frac{\Delta K}{K} + (1-\beta)\frac{\Delta E}{E} = 0 \tag{5.13}$$

$$\frac{\Delta K}{K} = \frac{\Delta C}{C} \tag{5.14}$$

$$\frac{\Delta\lambda_1}{\lambda_1} + \alpha\frac{\Delta K}{K} - \alpha\frac{\Delta E}{E} = \frac{\Delta\lambda_2}{\lambda_2} \tag{5.15}$$

由式（5.11）至式（5.15）可得：

$$\frac{\Delta K}{K} = \frac{\Delta C}{C} = \frac{\Delta E}{E} = \rho - \sigma \tag{5.16}$$

由此可见，在经济长期发展过程中，人均资本和消费保持正增长是经济可持续发展的必要条件之一。即在上述模型的假设下，实现经济可持续发展必须要有相应的不可再生资源投入量为支撑，但是又必须考虑不可再生资源存量 S 的变化趋势，由不可再生资源存量的变化方程可得：

$$\frac{\Delta S}{S} = \sigma - \frac{E}{S} \tag{5.17}$$

其中，E/S 为 t 时刻投入生产中的不可再生资源的比例，因为 $\Delta E/E > 0$，即不可再生资源投入量保持正增长，必然导致不可再生资源存量负增长，即 $\Delta S/S < 0$。这与本书不可再生资源可持续利用的要求相矛盾，产生这一矛盾的根本原因在于上述模型没有考虑技术进步因素。上述结论理论含义是：如果不依赖于技术进步，要实现可持续增长，必然以大量消耗不可再生资源为代价，或者说缺乏技术支撑的经济增长必然属于"粗放型"的增长。

（二）不可再生资源约束下的罗默（Romer）增长模型

为了克服新古典经济增长模型中的缺陷，Baumol 和 Oates（1988）在对可耗竭资源最优定价中把资源耗尽分为三种典型情况，即"纯资源耗尽型"、"自动再生型"（指虽然资源可以再生，但再生率低于耗竭率，即这种资源在考察期内仍然是可以耗尽的。）和"供给成本增加型[18~20]"。本书主要研究"自动再生型"的情况，因为"纯资源耗尽型"是"自动再生型"的一个特例。Romer（1996）构建了一个基本的资源约束下经济增长模型，借鉴 Romer 模型，假设存在一种可耗竭资源的经济体系，为了简化计算，假设其生产函数为 C—D 形式，则生产函数的典型形式如下：

$$Y(t) = K(t)^\alpha R(t)^\beta [A(t)L(t)]^{1-\alpha-\beta} \tag{5.18}$$

其中，R 为资源。

根据 Solow 经济增长模型基本假设，可推导出：

$$K(t) = sY - \delta K(t) \tag{5.19}$$

$$L(t) = nL(t)，A(t) = gA(t) \tag{5.20}$$

其中，s 和 δ 分别为储蓄率和资本折旧率；n 和 g 分别为劳动和技术的增长率。

因为在式（5.18）中只假设了一种资源，假设其再生率为 x，$0 < x < b$，b 为资源消耗率，则资源消耗率为 $(x-b)$，所以其随时间 t 的变化率为：

$$R(t) = -(b-x)R(t)，x-b < 0 \tag{5.21}$$

由于引入了资源，因此，我们要考察存在资源约束的情况下经济增长是否平稳：

根据资本增长的相关概念，资本增长率为：

$$\frac{\Delta k}{K} = s\frac{Y(t)}{K(t)} - \delta \tag{5.22}$$

由式（5.22）可见，如果要保证 K 的增长率不变，则 Y/K 不变，即 Y 和 K 的增长率相等。基于此，对式（5.18）两边取对数：

$$\ln Y(t) = \alpha \ln K(t) + \beta \ln R(t) + (1-\alpha-\beta)[\ln A(t) + \ln L(t)] \tag{5.23}$$

两边同时对 t 求导，则：

$$g_Y(t) = \alpha g_K(t) + \beta g_R(t) + (1-\alpha-\chi)[g_A(t) + g_L(t)] \tag{5.24}$$

根据假设，上式可变为：

$$g_Y(t) = \alpha g_K(t) + \beta(b-x) + (1-\alpha-\chi)[g+n] \tag{5.25}$$

由资本增长的理论可知，$g_K(t) = g_Y(t)$，则：

$$g_Y^{bgp} = \frac{(1-\alpha-\beta)[g+n] + \beta x - \beta b}{1-\alpha} \tag{5.26}$$

由此可见，资源的消耗率与经济增长存在着反向变化关系，因而资源对经济增长存在阻碍效应，阻碍效应大小为 $\frac{\beta b}{1-\alpha}$；技术进步、人口增长和资源再生率同时对经济增长具有推动作用，其大小分别为 $\frac{(1-\alpha-\beta)g}{1-\alpha}$、$\frac{(1-\alpha-\beta)n}{1-\alpha}$ 和 $\frac{\beta x}{1-\alpha}$，经济增长的状况取决于不同力量大小的对比。

由于衡量经济增长最有意义的指标是人均产出的增长率，为此，我们得出人均产出增长公式如下：

$$g_{Y/L}^{bgp} = g_Y^{bgp} - g_L^{bgp} = \frac{(1-\alpha-\beta)[g+n]+\beta x-\beta b}{1-\alpha} - n$$

$$= \frac{(1-\alpha-\beta)g+\beta x-\beta(b+n)}{1-\alpha} \qquad (5.27)$$

由式（5.27）可见，人均产出不确定，既可能为正，也可能为负，其理论含义是：由于受资源和人口增长的限制，使得人均产出的增长将下降，即资源和人口增长对经济增长存在着阻碍作用，资源对经济增长的阻碍效应为 $\frac{\beta b}{1-\alpha}$，人口增长对经济增长的阻碍效应为 $\frac{\beta n}{1-\alpha}$；但是，技术进步和资源再生能力却同时对经济增长起着推动作用，其大小分别为 $\frac{(1-\alpha-\beta)g}{1-\alpha}$ 和 $\frac{\beta x}{1-\alpha}$，经济增长的总体情况取决两者力量的大小。

第二节　矿产资源对经济增长的约束

一、矿产资源的特性

矿产资源是由地质历史时期形成的当前经济技术条件下能为人们利用的岩石矿物资源的总称，是一种典型的非再生资源。矿产资源最基本的特征是初始禀赋的有限性和消耗不可逆性。漫长地质历史时期中，特定的地质背景和成矿条件下所形成的特定的矿床是有限的，一旦被人们认识、开发利用，在当前的自然环境下，不可能迅速再生。矿产资源同时也是人类的共享性资源，某一时点的任何使用都会减少以后时点可供的资源使用。因此，合理开发利用矿产资源是人类可持续发展所面临的重要课题。

资源稀缺是一个经济学概念，指资源绝对数量的有限或相对价值随时间递增的一种状态。矿产资源是地质历史时期中特定地质条件下长期演化形成的，在自然界中的存量是极其微小且有限的，作为现代经济社会发展基础的能源矿产石油、煤炭仅赋存于地球上部分地区，其储量随开发利用以来的大规模开采而大幅度下降，为争夺这种稀缺资源，资源所在地往往成为战争爆发地。同时，随着存量减少，其价格也在逐年攀升。20 世纪以来，随着经济的快速发展、人口的剧增，人类对矿产资源的需求量越来越大，对矿产资源的开发也达到了空前的规模，部分矿产资源已经不能满足人类的需要。许多矿山都处于资源危机阶段，资源不足严重影响着社会经济的可持续发展。

二、两地矿产资源开发利用状况

（一）甘肃省矿产资源开发利用状况

甘肃矿产资源相对丰富，新中国成立以来，特别是改革开放以来，矿产资源的勘查与开发利用取得了显著成就，有效地供给了全省国民经济和社会发展对矿产资源的需求，也为全国经济社会的发展做出了贡献。截至 2010 年底，甘肃省已发现矿产 156 种，占全国已发现矿种的 91%，其中已探明资源储量的矿产 81 种，占全国已探明资源储量矿产总数的 48.5%。甘肃省已查明资源储量的矿产中，居全国第一位的有 11 种，居前 10 位的有 53 种。有色金属资源优势突出，其中镍、钴、铂族矿产保有储量分别是全国的 61.8%、29.8% 和 57.0%。已查明大、中、小型各类矿产地 474 处，其中，大型矿床 58 处，中型 96 处，小型 320 处。已建成各类矿山企业 2285 个，从业人员近 20 万人。

甘肃省开发利用各类矿产 68 种，年开采固体矿产量 1.67 亿吨，其中镍、钴、铅锌产量分别占全国总量的 90%、13% 和 13%。矿业产值 152.71 亿元，占全省国有及限额以上工业产值的 20.4%；矿业和以矿产品为原料的相关原材料加工业产值占全省国内生产总值的 35.9%；在全省产品销售总收入中，矿业方面占65.70%，出口贸易总产品中包含电解镍、硅铁、铜、铅锌锭等 20 多种矿产品。随着矿产资源的勘查、开发利用，金昌、嘉峪关、白银、玉门、海石湾、平川、庆阳、华亭、成县、连城等新兴矿业城镇建设进一步发展，为区域产业结构调整和全省经济发展起到了重要的支撑和促进作用。

（二）伊尔库茨克州矿产资源开发利用状况

按照矿产资源的储藏水平，伊尔库茨克州在俄罗斯占据着领先地位，已经发现了大量的黄金、铁、稀有金属、煤、食用盐和钾盐、滑石、石膏、菱镁矿、白云母、水泥原料和建筑材料等矿产储备，其中锰、钛、铀、铜、镍、铂、铅、锌、钻石和高纯度石英的勘探、开发具有广阔的前景。目前在伊尔库茨克州大量开采的矿产资源有黄金、煤、铁矿、岩盐、水泥灰岩、装饰石材、石膏、型砂、白云母、半宝石和宝石以及常见矿物，截至 2010 年全州从事矿业开发的企业有 72 个，从业人数为 1.94 万人，矿石开采年产值约 250 亿卢布，但许多矿产资源的开采量不到已探明储量的 10%，如伊尔库茨克州煤储量估计在 436 亿吨，其中可开采储量 141 亿吨，分布于 22 个煤矿，品种为褐煤和烟煤，其中烟煤占 80%，已经开发利用的数量为每年开采约 1000 万吨，只占已探明储量的 10%（12 亿吨），大量煤矿如卡兰才斯克、诺沃梅杰尔金斯克、伊什杰尔斯克和沃兹涅西先斯克耶等地煤资源尚处于储备中，在良好的经济环境下开采量可以在最短期限内翻几番。

（三）两地矿产资源勘查、开发中存在的问题

虽然甘肃省和伊尔库茨克州都是依托丰富的资源，大力发展资源型产业，促进了区域经济的快速发展。但是，两地矿产资源勘查、开发利用及管理中还存在不少问题。

1. 甘肃省矿产资源勘查、开发存在的问题。

（1）矿产资源结构性短缺，供需总量失衡，矿业结构不尽合理。石油、富铁矿、铜、铝土矿、稀土矿相对于冶炼能力缺口大，依赖省外供给；原煤、钢铁生产因受国内外市场变化影响，出现供大于求。非金属矿产相对于金属和能源矿产的开发利用明显滞后。有些大宗矿产贫矿较多，金属矿产伴生矿床多，综合利用水平较低。如铁矿 92% 属于贫矿，95% 以上的大中型金属矿床伴生有多种金属组分，但综合利用率低。焦煤、无烟煤、铬（冶金级）、钾盐、矿盐、滑石等矿产严重短缺。

（2）矿产资源开发利用方式粗放，资源浪费损失严重，企业效益低下。甘肃省小型矿山占矿山总数的 92%，大多数矿山开采规模与矿区的储量规模不匹配，大矿小开、一矿多开、争抢资源、乱采滥挖、采富弃贫、越界开采、重复建设等问题比较突出。加之企业技术装备水平低，集约化作业程度差，重开采、轻加工，开发利用方式粗放，技术含量和附加值不高，致使多数矿山企业还处于原矿开采、销售状态。资源综合回收利用程度很低，损失浪费十分严重，经济效益低下。乡镇煤矿和金属矿采矿回收率只有 20%～30%，非金属矿 40% 左右，低于全国平均水平。同时，全省非金属矿产开发落后，除少数冶金辅料和水泥原料外，多数非金属矿尚未形成规模，处于开发初始状态。

（3）矿山生态环境日益恶化，环境污染不断加剧。不规范的矿产勘查开发活动和"三废"超标排放等造成的生态环境破坏问题严重。河道及地下水污染、大气污染、土地荒漠化、盐渍化、采矿废石、废渣占地、地表原生植被破坏等现象严重。开矿引发的滑坡、崩塌、泥石流和水土流失等地质灾害每年造成的经济损失达 6 亿～8 亿元，占各种自然灾害损失的 1/3，远大于全国 1/4 的平均水平。20 世纪 90 年代中期以来，平均每年因人为因素发生的地质灾害由 80 年代初的 3～5 起增加到 7～12 起，矿山乱采造成的土地破坏每年达 1.3 万公顷以上。大多

数中小型矿山企业急功近利，只开采、不治理的现象比较普遍。

（4）矿产勘查开发体制改革滞后，矿业权市场不发育。由于长期受计划经济体制的影响，矿业资本市场、矿业权市场不发育，商业性勘查、开发投资市场机制尚未形成，地勘单位和矿业企业参与市场探矿权、采矿权招投标观念淡薄，竞争意识不强。同时，探矿权和采矿权行政授予面过大，致使探矿权人圈占地盘，采矿权人不珍惜资源，浪费严重，使矿产资源的国家财产权益得不到有效保护。

（5）矿产资源勘查、开发利用的宏观调控能力差，资源忧患意识不强。因为急于发展地方经济，多数地方政府领导重开发、轻保护的思想比较严重，矿产资源保护和战略储备观念淡薄，宏观调控能力差，致使资源开发中先开采、后治理或以采代探等现象比较普遍，资源保护性开发的形势不容乐观。加之，矿产资源勘查、开发对外开放滞后，市场投资环境较差，吸引外资能力弱，利用"两种资源、两个市场"的机制尚未真正形成，后备资源不足的问题逐渐显现。

甘肃的矿产资源存在结构性短缺现象，供需总量失衡，一些大宗支柱性矿产勘查程度低，勘探矿产地占总数的28%，详查占27%，可利用资源储量不足探明资源储量的60%。一些优势矿产缺少可供新建矿山的资源储量，一些支柱性矿产接替资源严重不足。2004年底，甘肃省已探明煤炭资源储量92.3亿吨，居全国第14位，产量2923万吨，仅占全国总产量的1.75%。产品深加工程度低，没有进行洁净煤、型煤、水煤浆、煤化工、煤变油、煤制气等延伸产品的深加工，行业效益低下。因此，甘肃矿产资源供需形势已相当严峻。

2. 伊尔库茨克州矿产资源勘查、开发存在的问题。伊尔库茨克州的矿产资源勘查、开发受政策和社会基础设施等因素的限制，发展缓慢。

（1）某些矿产矿石质量差或开采加工条件不利，大量探明储量长期闲置。伊尔库茨克州的锰、铬、铝土矿等矿产储量不足，矿石品位低，甚至难选，不得不依赖进口原料或加工产品满足需求。有些金属矿产如铁、铅、锌、钛储量很大，在世界上名列前茅，但矿石品位低，已探明的矿床地处边远，开采条件复杂，竞争力差（铁、铅、锌），或者由于技术加工条件不具备（钛），迄今难以开发利用（如投入开采的铅储量只占总储量的6%，锌占14%），稀散和稀土金属、磷块岩资源等都面临同样的局面。

（2）由于20世纪90年代政府几乎中断了财政拨款，普查工作停滞不前。1988~2003年总资源量减少了32%，其中探明储量减少40%，直到2005年才出现转机，铜的储量增长多年来首次超过了消耗量。但是，专家的分析结论认为，铜原料基地后续潜力不够，不能保证今后工业技术的发展；其他绝大多数矿产储量增长速度滞后，新增储量弥补不了开采量，在采企业面临资源枯竭的危险。

（3）矿石开采加工技术工艺比较落后，回收率低，综合利用程度差。长期以来，伊尔库茨克州矿产资源开采加工技术工艺总体上落后，导致矿石中主要组分和伴生有益组分回收率低，大量进入选矿尾矿和冶金废渣中。

（4）资源利用管理矛盾突出。国家、联邦主体（地方）和资源开发者对矿物原料的关注点是不同的，有时是相互矛盾的，尤其是在选择调查目标和矿物原料基地再生产的方向时表现得更为突出。国家关心的是选择可形成重要战略性矿产储量的区域，而地方关心的是所选区段是否具有投资吸引力。无论国家还是地方，在开发矿产资源并向资源开发者征税时，都希望得到最大的经济效益，但资源开发者的利益往往与国家和地方的利益并不吻合，他们关心的只是所选地段能否获得高额利润，并利用法规中的折扣和优惠条款来降低自己的税率，甚至直接逃税。作为国家的基本任务——地质资源勘查工作的情况则更糟，地方政府不热心提高自己辖区范围内的地质工作程度，而采矿企业只愿意把地质勘探投在许可证覆盖的区段。

当前，伊尔库茨克州为了保证矿产原料的可持续开发与利用，正在实施一系列政策措施，这些政策措施旨在提高项目投资吸引力，扩大规模和提高地质勘探工作的效率，完善税收和立法管理，加强矿产原料综合体的科技创新和人才保障。

三、数值模拟分析

从各国经济发展的实际情况来看，资本、劳动力和资源是推动经济增长的必要要素，虽然短期内各变量之间存在不同程度的波动，但当经济增长速度过快时，对资源的消耗也会持续增长，高速增长的背后是对资源的巨大消耗。上述理论模型描述了资源与经济增长之间的关系：若模型得到的参数 $\alpha > 0$，则资本本身的收益递增与人口增长相结合的资本和劳动力的共同收益递增能够抵消资源减少对经济增长的负效应，使得经济持续增长，经济增长的持续动力来源于资本积累或人力资本的积累；反之，经济增长则完全依靠不可再生资源的巨大消耗支撑。

由于资源各类、性质各异，为了便于说明问题，对式（5.18）中资源 R 统一采用矿产资源年产值来代替，运用 Eviews6.0 软件，采用最小二乘法对式（5.18）进行回归，所得系数用参数检验如表 5-1 和表 5-2 所示。

表5-1 甘肃省模型回归参数及检验

Variable	Coefficient	Std. Error	t - Statistic	Prob.
α	0.355410	0.022554	1.858160	0.0480
β	0.442065	0.018553	23.82735	0.0000
$1-\alpha-\beta$	0.202525	0.010096	5.992081	0.0000
R - squared	0.999426	Mean dependent var		6.084959
Adjusted R - squared	0.999364	S. D. dependent var		0.912812
S. E. of regression	0.023012	Akaike info criterion		-4.589102
Sum squared resid	0.014828	Schwarz criterion		-4.405885
Log likelihood	77.42563	Hannan - Quinn criter.		-4.528371
F - statistic	16249.18	Durbin - Watson stat		0.470227
Prob （F - statistic）	0.000000			

表5-2 伊尔库茨克州模型回归参数及检验

Variable	Coefficient	Std. Error	t - Statistic	Prob.
α	0.301416	0.070078	-0.462863	0.0575
β	0.477266	0.168866	-0.522143	0.4377
$1-\alpha-\beta$	0.221318	0.097486	4.740845	0.0178
R - squared	0.990026	Mean dependent var		12.93458
Adjusted R - squared	0.980052	S. D. dependent var		0.274397
S. E. of regression	0.038755	Akaike info criterion		-3.367540
Sum squared resid	0.004506	Schwarz criterion		-3.398448
Log likelihood	15.78639	Hannan - Quinn criter.		-3.749563
F - statistic	99.25997	Durbin - Watson stat		2.792002
Prob （F - statistic）	0.001686			

从实证分析的结果看，两地资源型产业对产出的长期贡献弹性分别为0.797475和0.778682，两地都是依靠资源型产业，需要大量的资本投入，因而资本对经济增长的拉动作用非常显著。劳动力技能提高对产出的长期贡献弹性分别是0.202525和0.221318，这是因为两地人才外流严重、劳动力的知识积累较低，缺乏形成人力资本的条件，因此，纯体力劳动力的边际产出率递减缓慢，增加的劳动力只能使得产出缓慢增长。

资源投入对产出的长期贡献弹性β分别为0.442065和0.477266，对经济增长起促进作用，因此，资源利用能够推动经济的较快发展，这就解释了为什么经济高速增长的背后是资源的巨大消耗，经济增长对资源的需求巨大；而且产出对资源的长期弹性为正说明不可再生资源与产出呈同向变动，资源的减少会导致产出的减少，对经济增长产生负效应。资源减少对经济增长产生负效应的原因主要是：资源数量的减少使得推动增长的要素供给减少，但对资源的需求仍然持续增长，导致资源供求矛盾突出，制约经济持续增长，所以长期来看资源短缺终将制约经济增长。但是，资本与劳动力共同的收益递增在一定程度上抵消了不可再生资源减少带来的负效应，从而使经济增长保持了较快的速度，这也是资源型地区因经济增长对资源大量消耗、资源储量持续减少的情况下仍然保持高增长的原因，因而最终的经济增长则取决于各因素共同作用的结果。但是，从长期来看，由于矿产资源等大部分资源的不可再生性、供需结构不平衡等，世界各国尤其是资源富集地区都将面临着资源总量和结构的约束，经济增长最终取决于技术进步、资源的消耗率与再生率等因素共同作用的结果。

第三节　水土及劳动力资源对经济增长的约束

一、两地水土资源状况

甘肃省地下水资源总量为153.91亿立方米，其中，长江流域32.98亿立方米，黄河流域44.83亿立方米，河西内陆河流域76.10亿立方米。地下水可开采资源量为53.89亿立方米/年，河西走廊为23.66亿立方米/年，中东部黄土高原为9.95亿立方米/年。人均水量1110立方米，不足全国平均水平的1/2，而且水质污染严重，水环境进一步恶化。人均耕地面积不断减少，从质量及构成角度看，耕地质量优劣悬殊，次地多，好地少，单产低而且极不稳定。

伊尔库茨克州的江河流域包括许多大的河流，如安加拉河、勒拿河、下通古斯河及其难以胜数的支流，大大小小的河流总计达到65000条，其中较长较大的河流（长度超过500千米）数量为12条，为总长度的0.02%，河流密度为每1千米分布400米的河流流域，并且已探明40处地下淡水矿，可以为州内许多地区供水。土地资源因人口下降，农业播种面积逐年减少，并且还有大量未开垦利用的土地。

二、资源约束下经济增长模型述评

人类经济活动与资源的关系是经济学研究的重要领域，Nordhaus在索洛模型的基础上纳入自然资源，分别建立有资源约束和无资源约束的新古典增长模型，将两个模型得到的稳态人均产出增长率之差定义为自然资源的"增长阻尼"[137]或"尾效",成为度量土地和其他自然资源对经济增长影响程度的经典模型。目前,国内对此研究并不多,薛俊波等通过对大卫·罗默假说的简化,分析了1978~2002年土地资源对中国经济增长的"尾效"约为1.75%[138];谢书玲等分析了1978~2002年水土资源对中国经济增长产生的"尾效"值约为1.45%,其中土地资源的"尾效"约为1.3%[139]。针对土地资源泡沫,李磊等分析了日本土地资源"尾效"约为0.36%,资源"尾效"成为经济停滞的一个主要原因[140]。崔云经过测算1978~2005年中国经济增长中土地资源的"尾效"约为1.26,到2030年经济增长率将会因为土地资源的"尾效"而降低到目前经济增长率的74%,到2050年降为57%[141]。美国世界观察研究所所长莱斯特布郎提出,中国水资源短缺将影响中国经济,也将动摇世界粮食安全[142]。

可以看出,目前国内学者借鉴"增长阻尼"的研究方法,从资本、技术、制度、自然资源等方面对中国经济增长潜力进行研究,从前三个方面进行研究的学者认为中国在未来时期可以保持较高的增长速度;而从水土资源角度进行研究的学者认为,中国经济增长速度由于水土资源的限制将会下降很多。在计量模型上除了杨杨等采用改进的一级和二级CES生产函数作为基础模型以外,其他研究均采用C-D生产函数,即使采用了相同的生产函数分析框架,最后推导出的"增长阻尼"表达式也不同,这不仅仅是因为在模型中引入了不同的资源变量,最根本的原因是研究前提、假设差别很大,因而对资源"增长阻尼"的研究存在以下两方面的不足:一是生产函数模型选择上不足。C-D生产函数(即Cobb-Douglas生产函数)的假设是无论研究对象、样本区间和样本观测值怎么变化,要素替代弹性都为1,这与现实中要素替代弹性各不相同的事实并不相符。因此,有的学者采用改进的一级和二级CES生产函数,并加入了时间指数趋势项$A(t)$以反映技术进步来作为度量资源"增长阻尼"的基础模型,但是CES生产函数和CD生产函数一样,它们都是Hicks中性,即劳动和资本的生产效率同比例增加;同时,为了便于参数估计,在使用泰勒级数展开式时忽略了高次幂,因此,整个参数估计不再是无偏估计,因而不适合用于统计分析。在经济发展过程中,各种投入要素对产出的影响不只和该投入要素的变化有关,还与其他投入要素有关;同时各种投入要素的技术进步各不相同,采用技术进步中性的CD和CES生产函数均不能全面、准确地反映投入要素之间的相互替代关系。二是资源总量界定上不足。有学者用"耕地、林业用地和可利用的草地面积三者之和"来表征土地资源总量,有学者直接用耕地数据来表征土地资源总量[138]。用"农用地或者耕地"来指代全部土地资源,这些都是对土地资源概念的模糊运用,土地资源不应该只包括第一产业用地,对经济总量有巨大贡献的二、三产业用地也应该考虑进来。在水资源总量上，有学者是利用河川年径流总量折算而来[139]或用水资源总量，这显然不符合实际情况。因为在经济发展过程中实际投入的水资源总量与地区水资源总量未必一致[137~150]。

显然，要正确解答两地区水土资源的阻尼效应，不仅要建立起符合资源实际特点的计量模型，而且在指标的选取上也要充分考虑指标的覆盖面与要素之间的相互替代关系，才能进行客观的定量分析。

三、模型的构建及阻尼系数的测算

自从马尔萨斯提出自然资源、污染及其他环境要素对长期经济增长的影响至关重要，由于自然资源数量有限，任何试图进行永久性增加产出的路径都将最终耗尽资源，这种经济增长方法注定要失败，因此，在研究经济增长时考虑资源、污染及环境因素显得非常必要。大卫·罗默在研究经济增长时考虑了自然资源和土地的影响，为使分析具有可操作性，他对柯布—道格拉斯生产函数进行了如下变形[150]：

$$Y_t = K_t^\alpha R_t^\beta T_t^\gamma [A_t L_t]^{1-\alpha-\beta-\gamma} \tag{5.28}$$

其中，K_t 为生产中投入的资本；R_t 为生产中可利用的资源，T_t 为生产中投入的土地数量，A_t 为"知识"或"劳动的有效性"，L_t 为生产中投入的劳动力数量。

根据前文分析，针对已有研究在模型构建和数据利用方面所存在的问题，这里采用未利用土地以外的土地利用类型加总作为土地资源总量，生产中实际使用的水资源总量作为参数，构建模型。

（一）生产函数的构建

当前，甘肃省和伊尔库茨克州进入了工业化的新阶段，重工业比重自 1999 年以来持续上升，由于重工业对资源尤其是能源的消耗强度很大，导致了自然资源对经济增长的约束日趋明显。由于大卫·罗默在生产函数中通过劳动效率的变化来反映要素替代弹性，又兼顾了参数估计的可操作性，相对于其他生产函数能更好地避免由生产函数形式误设所带来的估计误差，因此，我们借鉴大卫·罗默变形后的生产函数和"growthdrag"[151,152]概念，以资本、劳动、土地、水资源作为投入，同时考虑经济增长，构建"增长阻尼"模型来衡量资源制约对两地区经济增长的真实影响程度。

$$Y_t = K_t^\alpha S_t^\beta T_t^\gamma [A_t L_t]^{1-\alpha-\beta-\gamma} \tag{5.29}$$

其中，K_t 为资本；L_t 为劳动力；T_t 为土地资源；S_t 为水资源；A_t 为技术进步效率。

（二）"阻尼系数"测算方法

"阻尼效应"的经济含义是指，由于随着人口增加和资源有限性的限制，导致劳动力平均资源利用量下降，从而引起经济增长速度的降低程度值等于"不存在资源约束"的增长速度与"存在资源约束"的增长速度之间的差额。其计算公式推导如下。

对式（5.29）两边同时取对数，可得到如下表达式：

$$\ln Y_t = \alpha \ln K_t + \beta \ln S_t + \gamma \ln T_t + (1 - \alpha - \beta - \gamma)\left[\ln A_t + \ln L_t\right] \tag{5.30}$$

对式（5.30）两边求 t 的导数，并令 $\dfrac{\frac{\Delta Y}{\Delta t}}{Y} = g_Y(t)$，$\dfrac{\frac{\Delta K}{\Delta t}}{K} = g_K(t)$，$\dfrac{\frac{\Delta S}{\Delta t}}{S} = g_s(t)$，

$\dfrac{\frac{\Delta T}{\Delta t}}{T} = g_T(t)$，$\dfrac{\frac{\Delta L}{\Delta t}}{L} = g_L(t)$，$\dfrac{\frac{\Delta A}{\Delta t}}{A} = g_A(t)$ 分别为单位时间内经济、资本、水资源、土地、劳动力增长率和技术进步率，式（5.30）可简化成：

$$g_Y(t) = \alpha g_K(t) + \beta g_s(t) + \gamma g_T(t) + (1 - \alpha - \beta - \gamma)\left[g_A(t) + g_L(t)\right] \tag{5.31}$$

假设经济保持均衡增长，对于平衡增长路径所需要的资本与产出均以一个不变的速率增长，根据资本的运动方程 $\Delta k_t = sY_{t-1}(t) - (1-\delta)K_{t-1}$，资本的增长率为 $\dfrac{\Delta k_t}{K_{t-1}} = s\dfrac{Y_{t-1}}{K_{t-1}} - (1-\delta)$，因此，要使 K 的增长率保持不变，则 Y/K 保持不变，即 Y 与 K 的增长率必定相等，也就是说存在着平衡增长路径，则资本与经济增长速度保持一致。

现设劳动力增长速度为 n，为了测算土地与水资源对经济增长的阻尼系数，假设经济增长不受水土资源限制，它们随着劳动力的增长而增长，即 $g_T(t) = n$，$g_s(t) = n$，即人均土地和水资源不变，则经济增长率 $g_Y(t)^p$ 为：

$$g_Y(t)^p = \frac{\beta n + \gamma n + (1 - \alpha - \beta - \gamma)\left[g_A(t) + n\right]}{1 - \alpha} \tag{5.32}$$

1. 土地资源的阻尼系数。对于特定地区土地总面积保持不变，但区内未利用土地会随着技术的进步而发生变化，从而影响经济的增长。因此，土地资源对经济的阻尼系数 $Drag_T$ 为：

$$\begin{aligned} Drag_T = g_Y(t)^p - g_T(t)^z &= \frac{\beta n + \gamma n + (1 - \alpha - \beta - \gamma)\left[g_A(t) + n\right]}{1 - \alpha} \\ &\quad - \frac{\beta n + \gamma g_T(t) + (1 - \alpha - \beta - \gamma)\left[g_A(t) + n\right]}{1 - \alpha} \\ &= \frac{\gamma(n - g_T(t))}{1 - \alpha} \end{aligned} \tag{5.33}$$

2. 水资源的阻尼系数。同样，水资源作为一种资源禀赋，主要依靠自然循环，在考虑全球气候变化的条件下，特定地区的水资源数量会出现变化，即长期内总的水资源数量会改变，从而制约着经济增长。因此，水资源对经济的阻尼系数 $Drag_s$ 为：

$$Drag_s = g_Y(t)^p - g_s(t)^z = \frac{\beta n + \gamma n + (1-\alpha-\beta-\gamma)\left[g_A(t)+n\right]}{1-\alpha}$$

$$-\frac{\beta g_s(t) + \gamma n + (1-\alpha-\beta-\gamma)\left[g_A(t)+n\right]}{1-\alpha}$$

$$= \frac{\beta(n-g_s(t))}{1-\alpha} \tag{5.34}$$

3. 人口的阻尼系数。人口作为一种投入要素，如果人口增长率超过经济发展速度和环境承载力，则会限制经济增长率，并降低经济发展水平和社会福利水平；如果人口增长不能满足经济增长的需要，也会抑制经济增长的速度，虽然社会经济发展水平会提升，社会总福利也会不断增加，但资源得不到充分利用。俄罗斯科学院远东研究所副所长 A. B. 奥斯特洛夫斯基说："在俄罗斯的远东地区，劳务资源是一种奇缺资源。该地区的现有劳动力不足以开发本地区的自然资源或进行地区建设[153]。"人口对经济的阻尼系数 $Drag_L$ 为：

$$Drag_L = g_Y(L)^p - g_T(L)^z = \frac{\beta n}{1-\alpha} \tag{5.35}$$

从土地资源阻尼系数 $Drag_T$、水资源阻尼系数 $Drag_s$ 和人口阻尼系数 $Drag_L$ 的表达式来看，都不是一个常数，而是随着土地利用面积、水资源总量和人口增长率变化而变化，这是因为，在经济发展过程中，各投入要素的技术进步效率不一致而出现的要素替代率并不固定，所以资源对于经济增长的制约是随着技术进步而改变，是一个动态的变化过程。但为了便于计算和突出重点问题，在本书中只计算一个平均数。

四、数值模拟及分析

由于伊尔库茨克州人口长期呈现下降趋势，又有大量未开垦利用的水土资源，因而在短期内水土资源不会对其经济发展产生制约影响，在现阶段阻碍经济发展的主要因素是人口；与此相对应，甘肃省从新中国成立后人口急剧增长，使得水土资源过度开发利用，水土资源对现阶段经济发展所产生的阻碍作用越来越大。

从表5-3可见，两地由于资源禀赋不同，所面临的资源约束也不尽相同，其中甘肃省当前主要是因为人口过快增长导致水土资源对经济发展约束力越来大；而伊尔库茨克则是因人口下降，使得人口成为经济发展的主要约束因素。

表 5-3　　　　　　　　　　两地水土及劳动力的阻尼系数

阻尼系数 地区	$Drag_T$	$Drag_S$	$Drag_L$
甘肃省	7.337595	7.343132	7.35872
伊尔库茨克州			7.97846

第四节　甘肃省与伊尔库茨克州发展模式的选择

一、区域经济发展模式的形成机理

区域经济发展模式往往受到来自多方面因素的影响，用函数可以表示为：$f = F(E, L, K, T, H, S, P, R)$，$f$ 表示区域经济发展所呈现的模式；E 表示自然资源和地理环境状况；L 表示人口与劳动力量（数量和质量）；K 表示资金状况；T 表示技术条件；H 表示历史文化传统；S 表示区域经济发展战略；P 表示政策环境；R 表示与其他区域的互动关系。其中，E、L、K、T、H 和 S 是内生变量，P 和 R 是外生变量。通过这些变量的作用，不同区域有特色的发展模式才得以形成。

（一）自然资源和地理环境状况

自然资源和地理环境是区域经济发展的自然物质基础。由于区域地理环境的差异性和自然资源的异质性，它们会影响区域经济发展的规模、经济效益以及区域的产业结构，所以它也影响着区域经济发展的模式。

（二）人口与劳动力

区域人口数量和素质的高低直接影响到区域的生产规模、居民的平均收入水平和区域发展的投资积累水平，所以区域人口和劳动力对区域经济发展模式的形成和发展具有非常重要的作用。

（三）资金状况

资金作为重要的生产要素投入，它是一个使自然条件、人口和劳动力、技术条件得以充分利用的重要中介。在区域经济发展的各个时期，对经济结构和产业结构的调整以及工业化和城市化进程的意义十分重大，不同的资金状况直接影响到区域经济发展的模式。

（四）技术条件

技术条件的进步意味着以较少的投入可以获得较多的产出，技术进步能改变自然资源利用的深度和广度，有利于经济结构和产业结构的调整，所以技术条件是区域经济发展模式的重要影响因素。

（五）历史文化传统

历史文化传统影响着社会经济发展的方向和进程，不同的区域从属于主体文化的亚文化对区域经济发展模式的形成和发展有重要的作用。

（六）区域经济发展战略

区域经济发展战略是一个区域在一个较长的时期对经济发展的总目标、总任务以及实现总目标、总任务的关键性对策所作的全局性谋划。区域经济发展在不同的区域经济发展战略的指导和推动下，一定会呈现不同的生产力要素组合和空间配置形态，并具有符合区域资源禀赋条件和经济发展水平的鲜明的个性化特征，可以将其抽象概括为不同的区域经济发展模式。因此，区域经济发展战略和区域经济发展模式是彼此联系、相互作用的。对不适应区域经济发展的现有模式的调整和转型需要区域经济发展战略的指导和推动，以适应区域经济发展的内在要求。区域经济发展战略的研究也要依据本区域经济发展的现有模式并借鉴其他区域的经济发展模式，创新集成为区域经济发展战略，以指导区域经济发展的实践。

（七）政策环境

政策环境包括中央政府和地方政府的政策以及两者之间的互动关系。在区域经济发展中，政府政策、政府行为、政治走向是资源配置和规范人们经济活动的"看得见的手"，对区域经济发展模式的形成具有重要的导向作用。

（八）与其他区域的互动关系

一个区域的发展不可能与其他区域隔绝开来，相互之间必然发生各种联系。区域之间的资源禀赋优势和经济发展水平是相比较而言的，因为区域之间的这种不同，影响到区域经济发展的模式也不同。但是，区域之间发展模式的示范效应和生产要素的流动使得区域经济发展模式的创新有了可能。

二、区域发展的优劣势分析

(一) 甘肃竞争优势

甘肃省土地面积广阔、区位优势明显、工业基础较好、人力资源丰富、技术力量较强、历史文化厚重，有着巨大的发展潜力。

1. 能源种类多，石油、煤炭、天然气储量比较丰富，风能、太阳能等新能源开发潜力巨大。

2. 光热水土资源独特，生物种类繁多，发展特色种植和农产品加工业的条件较好，是国家马铃薯、制种、蔬菜、瓜果、中药材等生产加工基地。

3. 文化旅游资源优势有待精细开发。甘肃拥有独特的地理地貌，大漠戈壁、森林草原、冰川雪峰、沙林丹霞、河西绿洲等多样化的自然景观构成迷人的西部风光。

(二) 伊尔库茨克州竞争优势

伊尔库茨克州是俄罗斯经济发达地区之一，区内人均总产值比俄罗斯平均水平高 29%，具有独特的经济地理和地缘政治位置，可以成为东北亚和亚太国家交流与合作的桥梁。

1. 水电、能源价格低。伊尔库茨克拥有丰富的石油、天然气和水资源，如水电能资源潜在储量估计每年在 2000 亿~2500 亿千瓦/小时，其中理论上可利用的资源每年大约在 1900 亿千瓦/小时，已建立了三个水力发电站，年产电高达 4 亿千瓦/小时，此外还有丰富的火电资源，其中电力价格只是其他地区的 60%。

2. 可利用的矿产储量丰富，伊尔库茨克州矿产原料储备丰富多样，已经发现了大量的黄金、铁、稀有金属，煤，食用盐和钾盐，滑石、石膏、菱镁矿、白云母、水泥原料和建筑材料等矿产资源储备。

3. 工业潜力巨大。从内部资源储备来看，巨大的能源、矿产资源和科学教育潜力为伊尔库茨克州工业发展奠定了坚实的基础。从政策性因素来看，近几年来，俄罗斯开始更加重视加强发展同亚太地区国家的关系，强调要充分利用东部地区的地缘政治、自然资源、交通运输和科学技术等优势积极参加东北亚和亚太地区经济一体化，为伊尔库茨克州工业发展创造了良好的外部条件和机遇。

4. 森林资源丰富。伊尔库茨克大约有 76% 的面积被森林覆盖，木材储量达 92 亿立方米，占俄罗斯木材储量的 10% 以上，是俄罗斯大型的木材生产加工基地。

5. 区域内有大型交通枢纽。全州拥有 23 条全年通行铁路，7 条夏季通行铁路，其中包括 1 条旅游线路和 4 条国际线路，并拥有到中国、蒙古的国际航线和水运航道。

6. 发达的科学教育体系，高素质的劳动力资源集中。伊尔库茨克科学中心是俄罗斯东部最大的科学中心之一，拥有 15 个科研院所，还有许多大学和学院，开设 260 余个专业。其中主要是以科学中心和州内大学为基础成立了发展创新型研究机构，最著名的是创新商业研究中心，有 34 个小型企业，这其中有 30 多个企业和伊尔库茨克国立技术大学工艺园区有生产实验室，既有实现技术转让的地区创新事务发展中心，又有实现创新领域部门技能培训与提高的革新管理部门的地区学校。

7. 独特的休闲度假资源。伊尔库茨克州有 1500 多处知识性游览胜地，其中 501 处为国家级或州级文物遗产，环贝加尔湖铁路是具有世界意义的独特工程建筑。在西伯利亚地区的各个城市中，伊尔库茨克拥有的古建筑物数量是最多的，并且还有独特的石质装饰。此外，山地滑雪休闲运动领域也有很大的潜力。

三、资源总量约束下的区域发展模式选择

从两地现有产业结构空间布局和经济发展总体情况来看，在两国省（州）级尺度上，必须根据实际情况，结合两地竞争优势和比较优势，重构资源富集区经济发展模式，通过区域竞争优势、产业序动升级和企业转型蜕变等的共同带动，实现资源型经济的转型，促使资源依赖地区改变以往的经济增长模式，提高区域的经济竞争力；通过充分利用区域内部资源和外部资源，提高资源型地区的技术创新能力，减轻创新能力对资源型地区经济增长的束缚，缩小与国内外发达经济地区发展差距。

（一）两地中观尺度上发展模式的选择——点轴开发模式

区域发展的点轴理论起源于增长极理论和生产轴理论，是在吸收中心地理论等理论的合理成分前提下形成的一种新的理论模式。从生产格局来看，几乎所有的产业尤其是工业、交通运输业、第三产业、城镇等都产生和聚集于交通干线上，并由线状基础设施（铁路、航道、公路、邮电通信等）联系在一起，聚集于各级交通节点上的产业及人口等，又要向周围区域辐射其影响力，取得社会经济发展的动力，并且沿着主要线状基础设施（主轴）方向的辐射强度最大，从而引起或加强在该方向上较大规模的集聚，这就是生产轴线的辐射原理。点轴开发模

式是对区域经济发展由点及轴的空间演变规律的总结和深化，合理选择增长极和各种交通线，并使产业有效地向增长极和轴线两侧集中布局，从而由点带轴、由轴带面地促进区域经济发展的区域发展模式。

俄罗斯远东发展战略对交通运输业极为重视，可以看出其中蕴涵着点轴开发的思想。交通运输业不仅是远东地区的支柱产业之一，而且对俄罗斯加强与东北亚国家合作以及融入亚太经济发挥着重要的作用。通过构建运输通道与重点运输线路的铺设，建设和完善西伯利亚大铁路等运输网络，使得伊尔库茨克州可以充分发挥各级中心城市的作用，加强城市之间、区域之间的沟通与联系，使生产力实现充分汇聚，实现生产力布局与线状基础设施之间的最佳空间结合，提高区域的经济组织水平和规模收益。

同样，陇海、兰包等铁路干线的建设，以兰州综合运输枢纽为核心，积极构建延伸辐射全省各市州及主要经济区、对外呈放射状的集束型交通辐射网络，极大地带动沿线及周边区域内能源、钢铁、矿产等产业的发展和公路运输、物流等相关行业的发展，促进区域经济快速发展。因此，两地区域发展应当继续传承点轴开发模式，促进经济、社会和谐发展。

（二）两地微观尺度上发展模式的选择

从两地现有产业发展和区域经济发展水平来看，在县域经济发展中应从传统产业向高新产业、从资源依赖型产业向加工型产业梯次发展，并将区位优越的地区作为重点开发对象，培育区域经济发展的增长极。

1. 产业梯次发展的模式。一般来说，选择资源型产业发展模式的地区尚处于经济发展的不发达阶段，因而其产业结构属于低层次的结构形式。甘肃省和伊尔库茨克州的产业结构正属于这种形式，其专业化水平较低，资源优势远未能转化为产业竞争优势，多种优势的资源尚未得到充分的开发。因此，还要借助于外部资金、技术和人才的输入，同时与区内条件相结合，把潜在的资源优势转化为现实的经济优势，全面推动地区经济的增长。而实现区域内产业的梯次发展是提高整体资源配置效率的重要前提，也是区域经济增长的本质要求。区域产业的梯次发展不仅有助于解决产业的地域分工问题，而且有利于处理和协调区域之间的利益关系问题。从两地发展战略对区域产业规划来看，区域产业梯次发展的重点是以传统产业即有色金属采选冶、森林工业、加工业发展为主，属于资源导向型的产业发展模式，并逐渐向后延伸发展产品深加工，资源富集区资源产业逐渐摆脱对原有资源的依附，培育和塑造新的比较优势与竞争优势，形成一个以区域创新体系和竞争优势为核心的综合经济开发体系。为此，需要对原有竞争优势进行有效的拓展和延伸，由资源优势、供给优势、成本优势转向规模优势、管理优势、资本优势和技术优势，进而转向品牌优势、区位优势、创新优势和功能优势。

2. 区位优越地区重点开发模式。在区域经济学中，区位优越地区重点开发模式是运用区位论所揭示的经济空间布局指向优越区位的规律来进行产业结构的空间布局与规划，是一种点状跳跃式的区域开发模式。这种模式主张应选择各区域内区位最优越的地区作为开发重点，通过对这些地区的开发建设，达到本地区高效的经济增长，从而带动周围地区的发展。从地域分布来看，甘肃省和伊尔库茨克州经济发展战略中对经济技术开发区以及重点发展部门都采取了国际合作区的方式，均集中在区内交通便捷、资源富集的地区，如兰州、金昌、白银、伊尔库茨克、安加尔斯克、布拉茨克等，这些地区信息发达、人口劳动力密集，社会经济发展比区域内其他地区水平高，增长速度快，符合区域经济学中优先发展地区的特征要求，从区域开发模式上来讲属于优先开发模式。这种发展模式所需投入少，见效快，还可避免梯度推移模式造成的巨大区域发展差距，通过极化与扩散作用，更大范围地带动区域经济增长。

第六章 甘肃省与伊尔库茨克州区域发展和合作对策

第一节 甘肃省与伊尔库茨克州区域发展的对策

区域经济发展模式在自然资源和地理环境状况、人口与劳动力总量、资金状况、技术条件、历史文化传统、区域经济发展战略、政策环境和与其他区域的互动关系等因素的综合作用下，呈现多样性、复合性和变迁性。不同的区域在促进经济发展过程中要选择和调试出符合自身实际的发展模式，切不可盲目移植。在甘肃省与伊尔库茨克州经济改革和发展的过程中，制度、资金、技术与市场等资源的相对稀缺性，使之成为资源配置与经济发展的主导因素，而与之相对应的发达地区凭借制度、资金、技术与市场等主导性资源的资源配置优势，大量吸纳中西部地区的廉价劳动力，广泛利用欠发达地区的低价资源，大力发展劳动密集型产业，积极开拓国际市场，实现区域经济的率先快速发展。欠发达地区虽然拥有较为丰富的人力资源与自然资源，由于这些资源阶段性供过于求而面临竞争性贬值，资源重要程度与资源配置效率下降，既缺乏对资金、技术等相关资源的吸纳能力，也难以提高资源配置效率，地区经济发展滞后不可避免，与发达地区经济发展的差距不断扩大，实际上反映了地区资源禀赋、资源稀缺的结构性特点以及资源配置能力的差异。通过对不可再生自然资源约束经济增长的途径，我们可以明确观察到自然资源利用不当抑制经济增长的一面，市场经济绩效的差异、区位条件的差异以及社会基础的差异是造成资源富集区经济发展落后的主要原因。在不同层面，"资源诅咒"现象是由于资源禀赋通过内生的要素流动和外生的制度安排以及科技能力下降产生的空洞效应三种渠道制约了区域经济增长，丰裕的自然资源所引致的制造业衰退和不合理或缺乏监督的资源产权制度是其中的关键。

一、弱化不可再生自然资源约束经济增长的对策

两地目前既存在着自然资源对经济增长的数量控制型约束，也存在着质量控制型约束，所以破解自然资源对经济增长的约束就变得十分复杂。市场经济绩效、区位条件以及社会基础的差异是造成资源富集区经济发展落后的主要原因，自然资源禀赋通过内生的要素流动和外生的制度安排以及由于科技能力下降产生的空洞效应三种渠道制约区域经济增长，所以缓解自然资源对经济增长的约束就应从制度安排、经济转型、技术创新和利益分配入手。

（一）产权制度改革与创新

长期以来，我国推行的自然资源产权制度只重视产权的国有、公有，不重视公有产权的实现形式；只重视单一的国家所有，不重视多种经济形式的共同发展；只重视产权归属，不重视资源利用；只重视静态产权保护，不重视动态资源流转。产权结构不合理，产权流转效益低，产权关系残缺不全，难以适应市场经济体制和自然资源自我维持与发展的根本要求。因此，从制度改革与创新角度来看，要参照国外经验，根据生态效益的大小安排所有权，对生态林、生态草地、珍稀动植物继续保持国家所有；对一般的生产性草地、经济林地等所有权，国家可通过拍卖或授权的方式转让给其他所有者，突破资源对区域经济增长长期约束的基本原则，通过对有限资源的公平分配，消除资源贫乏区（包括发达地区）对资源富集区（包括落后地区）的盘剥和掠夺，消除资源禀赋优越地区的资源开发者不顾及未来各代人的发展而对自然资源的过度开发和利用，以求实现代内公平（即当代人之间的公平）、代际公平（即当代人与未来各代人之间的公平）以及区域公平（即资源富集区和资源贫乏区之间的公平），以充分调动多方面的积极性，防止资源被滥用。

（二）完善不可再生自然资源的管理机制

不可再生自然资源包括铁、煤、石油等各种金属和非金属矿物在内的矿产资源，具有鲜明的耗竭特性。对于这类特殊的资源，世界上绝大多数国家都通过立法确认其作为社会财富归国家所有，个人与社会组织可以取得矿产资源的探矿权和采矿权，国家依法保护矿业权人的合法权益，面对人均矿产资源日益贫乏、耗竭速度加快的严峻形势，对多数矿产资源应继续坚持国家所有，但对一些非紧缺而没有规模开发效应的小矿山，如小煤矿、小锑矿、小稀土矿等，国家可通过拍卖方式把其所有权出售给企业或其他经济组织，以克服矿产资源因无主而形成小

矿山开采遍地开花、乱挖乱采的状况；还有利于引入竞争和价格机制，改变目前矿产资源粗放开发和浪费使用的现状。

二、资源型经济转型

两地经济历经改革开放，取得了持续高速增长，经济体制逐渐实现从计划经济体制向市场经济体制过渡，经济增长方式发生了根本性的变化。尽管甘肃省经济结构调整取得了明显成效，但经济结构不合理的深层次矛盾仍然较为突出。第一，从需求结构看，内需特别是消费对经济增长的拉动作用仍较弱，有待进一步增强。第二，从产业结构看，农业基础依然薄弱，对经济增长的拉动作用持续下降；工业虽然在 GDP 中所占的比重最大，但依然大而不强；服务业的发展也有待提升。部分行业产能过剩。第三，从城乡和区域结构看，中西部地区发展相对滞后，区域之间、城乡之间生活条件和基本公共服务差距仍然较大。第四，从要素投入结构看，资源消耗偏高，环境压力加大，资源环境的约束趋紧。

国内外学者对俄罗斯经济结构调整也进行了较为深入的分析研究。陆南泉分析了俄罗斯经济结构的调整趋势与采取的主要措施，特别是普京执政时期调整经济结构的思路与基本政策，分析了俄罗斯在相当长的历史时期内难以改变原材料密集型产业占主导地位的原因，以及俄罗斯经济结构调整的制约因素。他得出结论认为，俄罗斯调整经济结构并非易事，是一个长期的、复杂的历史过程[154]。关雪凌和宫艳华认为，1999 年以来俄罗斯经济迅速攀升，但俄政府并没有利用这一有利时机进行产业结构调整，而是采取消极适应性政策，因而出现了今天俄罗斯产业结构的二元现象（优化与恶化），一方面俄罗斯总的产业结构发生了积极的变化，不仅三次产业关系得到了初步的调整，而且产业结构出现了走向高级化的趋势；另一方面俄罗斯各产业内部的结构愈发不合理，甚至呈现倒退的态势，在消极和被动中调整的俄罗斯产业结构，对俄罗斯的贸易结构产生了重要影响，并导致它在国际分工格局中定位选择的困境[155]。高晓慧从产业结构内外需求、生产要素、地区结构、中小企业和大企业的角度，分析了俄罗斯经济结构调整滞后对经济增长的制约作用[156]。徐向梅认为，调整经济结构，实现增长方式转变，加速经济多样化改革，是俄罗斯刻不容缓的任务。但直到目前为止，俄罗斯在这方面仍基本上停留于战略层面[157]。2008 年金融危机后，伊尔库茨克州经济增长并没有导致经济的现代化和多元化，经济发展的结构和体制基础仍然薄弱，并没有从根本上改变政治经济结构，经济增长模式并没有发生根本的变化。

但是，在两地经济增长过程中，区域经济非均衡增长加快，区域经济差距明显扩大。影响区域经济增长的因素是多方面的，一般来说，资源特别是自然资源的数量与质量是经济发展的重要条件之一，自然资源丰富，经济就会发展得更快。然而，在经济转型时期，各区域发展情况并不如此，资源丰富的地区反而速度较慢、经济效益较差。资源型经济是以资源型产业为主体的经济体系，资源型产业居于支柱产业位置，资源型产品占主导地位，经济活动对资源的依赖较强。资源富集区经济是从资源开发起步，并形成了长期依赖资源的发展循环过程、经济增长机制以及具有浓重资源型色彩的经济体系和经济体制。资源富集区经济有两大致命弱点——依附性和边缘化。即：一方面，制度约束造成了区域内产业关联弱化，由于过去矿产开采是高度集权的计划经济体制，这些资源产业从开采到销售都是由政府统一管理，地方在对产业进行布局时没有自主权，这就造成了资源产业和地方产业缺乏一定的关联性，限制了资源型产业对地方经济的关联带动作用；另一方面，技术约束使资源型产业形成很高的产业转换成本，资源型产业中的大量资产具有较高的专用性，包括设备、基础性生产设施、专业技术知识人才等，要使这些资产转换到别的产业是很难的，同时也要花费较高的经济和社会成本。因此，资源型地区应当摒弃传统的资源优势思维，适时转变资源型经济开发模式，调整和改造资源型经济体系，以突破资源约束"瓶颈"，实现区域经济的转型和跨越发展。

（一）产业序动升级

资源富集区经济开发的早期阶段（伊尔库茨克州），应当集中力量开发优势矿产资源，借此进行资金、人才、技术的原始积累，在这一过程中要有效防止资源型产业成为引力场中心，束缚其他经济要素的生成和增值，要发挥比较优势，特别是要下大力气建立资本育成和资本转换机制，为资源富集区的产业转换逐步构建踏板和通道。同时，要为资源的规模化、综合化、集约化开发预留发展空间，尽量减少外部不经济问题和布局或规模不经济等问题。此外，在已有优势资源开发的基础上，应发展专门化生产，积极加入更大尺度的区域分工体系中，借此改造区域贸易体系，并将其建成引进外来资本及其他发展要素的窗口和媒介。

在资源型产业达到一定规模、资本积累达到一定水平时（甘肃省），则进入以转型发展为重点的中期发展阶段，创新活动、能力建设、后发优势和市场机会逐渐成为区域发展的重要依托点，资源优势的作用有所减弱和削弱，不断强化资本、技术、人力资源与自然资源之间的替代关系，通过适当的制度安排、产权置换、资本运营和技术创新，将一部分资本转向非资源型产业，尤其要借助后发优势，重点发展高成长性的产业，另外一些资本则顺向延伸，进入资源加工产业以及相关配套产业，并依托产业之间前向、后向、横向的关联效应，构建多元化、多层次的产业经济体系，扩展和放大资源开发所带来的乘数效应，鼓励发明和激发创新活动，以此为动力，加快各经济要素在区域间和部门间的流转速率，不断优化资源组合和配置结构，促进经济结构的多元化和高度化[158~160]。

（二）培育区域竞争优势

资源禀赋优越地区不能抱守传统的资源优势，不能局限于天赐的资源禀赋优势，突破资源对经济增长的束缚，树立塑造优势的观念，通过资源禀赋优势的延续、共享、互补、扩大、转移深化、递进等形成有效的优势生成机制，为经济发展提供持续的动力，合理有效地避免资源对当地经济发展的约束[161]。

1. 优势延续。即通过技术进步和管理创新，改进资源开发和利用方式，促进资源综合开发利用，从而延长资源产业服务年限，提高资源的保障程度和开发利用效率，确保原有优势的延续，使传统的资源优势为区域经济发展提供更多的动力。

2. 优势共享。即通过对资源所在地区及其临近区域的多种优势资源进行综合配套开发，发挥资源共享的组合效率，由资源开发到产业发展，形成区域的共享优势。

3. 优势互补。即在资源开发区内优势资源的基础上，通过对异质资源的联合开发，形成自身的产业优势及地区经济的整体优势。

4. 优势扩大。即依托原有资源优势，积极延长原有资源产业链条，发展资源深加工、精加工工业，通过发展前向、后向关联产业，向纵、横两个方向扩展和转移，形成新的产业优势和区域经济的综合优势。

5. 优势转移。即立足已有资源、区位、技术实力和投资等要素条件，通过合理配置和优化资源，使资产增量转移到效益较优的产业和部门，寻找新的替代产业。

6. 优势深化。即通过充分发掘资源禀赋优势，以成本优势为基础，逐步向市场优势延伸，进而依托其他经济要素的优化配置，最终形成强大的竞争优势。

7. 优势递进。通过规模化和集约化开发优势资源，适时进行经济要素的积累，逐步培育资本优势，进而塑造技术、管理和信息优势，强化创新能力，形成区域发展优势的递进机制。

（三）产业转型升级

对于资源富集区而言，资源型产业是国民经济发展的重要部门，产业转型的关键不是要不要资源型产业，而是如何改造和升级，提高其产业层次和产业素质，同时，积极培育新的支柱产业，形成产业结构新陈代谢机制，加速产业的升级优化步伐，逐步减少对经济增长要素的束缚，有效促进资源富集区的经济发展。具体模式如下：

1. 产业改造模式。采用高新技术或适用技术改造现有产业，通过实行规模化、集约化生产，不断提高产业的综合素质和技术层次，促进资源型产业的健康发展。但是，这种改造有其自身的局限性，这种转型模式并不改变企业的属性和其产品特点，不会对区域产业结构带来重大变化。

2. 产业延伸模式。该模式旨在依托资源开发产业的基础，大力发展下游产业，延长产业链条，提高产品附加值，实行纵向一体化，达到上、中、下游产业联动发展的目的。这种转型模式的优点在于，保持了原有的资源优势，有效地发挥了前后产业之间的技术经济联系，提高了产业的附加值和综合经济效益，但这种模式仍然局限于某一个产业领域之内，区域产业循环较为封闭，经济基础缺乏多样性，产业结构单一，抗拒市场的风险能力弱，产业链脆弱，处于上游的资源产业一旦出现衰退，整个产业都会受到影响。

3. 产业救助模式。该模式是指在产业发展较为严酷的资源型地区，为了确保社会经济的持续发展，或是为了安然度过经济波动期，对资源型产业给予的如减免税收、减免社会保障金等援助，这样做的目的不是简单地救助资源型企业，而是着眼于资源型产业发展能力的建设，着力于产业竞争能力的培养。

4. 产业联盟模式。该模式是在短缺经济基本结束、买方市场基本形成的大背景下，为了避免资源型产业成为市场打压的对象和价格波动的牺牲品而采取的中心城市和加工企业联盟，通过建立利益分享和风险分担机制，以确保资源型产业的持续稳定发展。

5. 产业替代模式。该模式主要依托资源型产业提供的资本积累，以制度创新和技术创新为动力，大力吸引区外或国外资本和技术，按照孵化、培育、产业转移、合作联姻、转移迁入等模式，通过市场化的运作方式，辅之以政府扶持和政策支持，尽快形成有市场潜力、高成长性和竞争优势的产业，在产业内部形成复合主导的产业结构，进而完全替代资源型产业，实现产业结构的根本转型。

6. 产业置换模式。该模式是指在资源优势完全丧失或资源型经济的包袱不堪重负，或技术结构和市场结构出现重大变化的特殊背景下，关闭全部资源产业，全线退出传统产业，进而开辟新的产业，实现主导产业的完全置换。这是一种代价非常高昂的转型模式，它对区域社会经济的冲击非常巨大。在这种托底转型的过程中，资源型产业的退出是有计划的，资源型企业的关闭是有序的，这种转型成功的关键在于能否培育出适合资源所在地的新的支柱产业。

（四）企业科技转型蜕变

企业应是资源禀赋优越地区经济结构调整的主体，也是资源禀赋优越地区区域经济转型的主体，对于资源富集区不同规模、不同性质的资源型企业，其转型策略、方式、途径各不相同，例如，对大型资源企业的转型，既可以选择高精专的专业化发展策略，也可以通过实行多元化经营、产业转移组建战略联盟，推行上、下游产业的专业化生产是区域经济系统正常运行和不断递进的重要支撑。因此，依托资源优势、综合集约开发、产业关联互动、高效序进发展，是资源富集区突破资源约束、实现经济转型和递进开发的模式。

（五）技术创新型的资源开发

技术创新能强力促进资源富集的欠发达地区的经济发展，其原因在于，它是以市场需求为动力，以市场应用取得成功获取经济效益为目的；能突破资源约束下区域经济发展的局限，通过技术创新的整体扩张，实现和完成资源禀赋较高的欠发达地区经济的快速发展和经济增长方式的转变。在经济活动中，资源既是生产力的物质要素也是恒定的生产力要素，经济活动就是将自然资源和条件转化为有使用价值的产品与劳务的人类行为，但这种转化的速度和规模却取决于生产力水平，即科学技术进步的程度。因此，对于资源禀赋较高的欠发达地区，要突破历史沉淀和资源的束缚，最重要的就是进行技术创新，这样才能在科技不断进步、工业化进程加快以及资源进一步短缺的趋势下，逐渐赶上甚至超过发达地区经济发展的速度，实现超常规发展。

1. 充分利用制度安排的控制型资源，形成有利于技术创新的制度支撑。建立有利于促进技术创新的企业制度，要通过加强政策引导和深化企业改革，大力推进资源富集区的国有企业投资主体多元化，完善市场竞争机制和竞争秩序，强化企业技术创新的主体地位和主体意识，形成企业技术创新的内在动力，使企业经营机制和经营观念切实转移到依靠科技进步的轨道上来，提高企业技术创新的积极性和主动性，促使企业加大科技开发的投入，建立自己的技术开发研究机构，完善企业内部技术开发体系，树立以市场为导向的技术创新机制。此外，要根据区域经济发展战略的需要和产业发展重点，选择一些技术创新条件较好、有市场前景的重点企业，通过资产重组安排科技人员和科研机构进入企业以及政府适当投入等形式，重点建设一批具有先进水平的企业技术开发研究机构，使这些重点企业基本具有开发自主知识产权的产品和技术的能力以及国际先进技术的消化吸收和创新的能力，使它们成为地区企业技术创新的示范基地。

2. 引导金融机构和社会资金流向，促进企业技术创新。资源所在地管理部门应定期发布优先发展的高技术产业化重点项目，引导社会资金流向，引导金融机构给予重点发展项目信贷支持；改善融资和服务环境，广泛吸引投资以支持高技术产业发展；以资本注入为前提条件兼并区域内的高科技企业；推动企业参与跨国公司的并购，吸引跨国公司参与建设高技术开发区，分享跨国公司国际分工与合作的成果；完善欠发达地区高技术产业发展的平台，早日建成布局合理的高技术开发区体系。放宽市场准入，拓展企业创新资金渠道，鼓励各种所有制成分进入高新技术产业发展领域，促进创新型企业投资主体和股权结构的多元化，降低创新风险。

（六）利益均衡导向的开发政策

在资源开发与利用过程中，中央政府、资源所在地政府、资源开发企业以及当地居民本应利益共享。但是，在现行资源利益分配机制中，利益分配明显地忽视了地方政府和资源所在地居民的利益，从而导致资源产品收益较高但原始资源收益较少的失衡状态。一方面，由于中央企业垄断资源开发经营权从而导致大部分资源开发的经济收益直接上缴国家，地方政府在资源开发与经营中得到的收益较少；另一方面，资源所在地居民得到的利益较少，客观上导致了资源开发过程中利益分配的失衡。因此，资源开发的现实强烈呼唤资源共享机制的出台，它是一种既能克服原有资源开发与利益分配机制的弊病又能通过让资源四方利益主体在资源开发中共同获益的分配模式。

所谓资源共享机制，是指按照资源所有权的特征，以产权为纽带，由资源四方利益主体即中央政府、地方政府、资源开发企业以及资源所在地居民，通过组建规范的股份制开发公司，共同参与资源开发，合理分配资源开发利益，减少资源在非共享状态下开发中出现的弊端。根据资源产权的特征以及资源开发的特殊性，资源共享机制应是一个圈层结构，由核心层和外围两部分组成。资源共享的核心层包括资源产权分解制度、开发企业运行共享制度和资源开发收益分享制度，其中，资源产权分解制度是关键，是资源共享机制得以实现的前提；开发企业运行共享制度是实现资源共享的有效途径；资源开发收益分享制度则是统筹资源开发、实现资源共享目标的最终手段。资源共享机制的外围包括资源所在地补偿制度、资源开发收益再投入制度和资源开发企业对接制度，三种制度互为基础、相辅相成，是实现资源可持续开发与利用、创建和谐社会的需要[162]。

第二节 甘肃省与伊尔库茨克州区域合作对策

一、两地经贸合作比较优势分析

(一) 甘肃省的比较优势

1. 劳动力优势。一是甘肃省经济活动人口 2010 年约为 1498.91 万人，其中就业人口约为 1488.63 万人，劳动力供给方面具备突出优势，劳动力数量庞大；二是劳动力价格具备较大优势；三是近些年来人均受教育水平也有很大提高，人们的市场意识不断增强。我国丰富而优质的劳动力将为俄罗斯西伯利亚和远东地区的劳动力极度短缺提供有力保障。

2. 农产品优势。甘肃作为一个农业省，农民人口众多，相对于有限的土地而言，有着极其丰富的劳动力资源，因此，劳动密集型农产品如水果、蔬菜等有着较高的竞争力。

3. 应用技术优势。与伊尔库茨克州相比，甘肃省应用研究投入较多，如在工业技术方面，轻纺、食品、轻化工、家电产业方面有比较高的水平，在一些行业形成了传统的技术优势。重研究、轻开发是伊尔库茨克州科技领域的特点和弱点，伊尔库茨克州大量的研究成果在转化、投入生产方面遇到困难，可以有选择地引进一些现成的科技成果。

(二) 伊尔库茨克州的比较优势

1. 资源优势。伊尔库茨克州拥有极其丰富的自然资源，石油储量和天然气含量极其丰富，该地区蕴藏着俄罗斯 70% 以上已探明的各种矿产资源；伊尔库茨克州拥有丰富的森林资源。

2. 土地优势。伊尔库茨克州土地面积 77.48 万平方公里，土地资源十分丰富，伊尔库茨克州内人均农用地 0.92 公顷，耕地 0.64 公顷，约为甘肃省的 3 倍；虽然比东西伯利亚及全俄罗斯平均水平少 1/2，相对甘肃人均耕地少、土地贫瘠，还是具有巨大的发展优势。

3. 基础科学研究优势。伊尔库茨克州科技潜力非常大，尽管近十几年由于社会动荡和经济危机，特别是国家对科学技术研究方面的财政拨款大幅度减少，以及大批的高科技人才外流，科技实力有所削弱，但伊尔库茨克州科技仍然很强，科学技术思想和研究方法有自己的特点与独到的创新内容。

二、两地合作领域与合作模式

（一）两地经贸合作的前景和重点领域

随着中俄之间战略协作伙伴关系进入一个良性发展的阶段，政治互信进一步增强，共同战略利益不断增多，中俄之间的经济和人文等方面的合作也必然会进入一个新的全面发展阶段。具体来说，两地经贸合作的发展方向主要集中在以下五个领域。

1. 油气开发领域的合作。我国未来油气消费市场庞大，自 1993 年成为石油净进口国以来，我国对进口油气的需求越来越大，石油进口总量早已突破 1 亿吨，缺乏可靠的石油进口渠道势必会对我国社会经济的发展产生重大影响。伊尔库茨克州拥有非常丰富的油气资源，而甘肃又具有油气资源勘探、开发和加工的雄厚实力，这为两地油气资源开发的合作奠定了基础。

2. 森林采伐与木材加工领域的合作。21 世纪国际市场对木材和木材制品的需求急剧增加，这为两地林业合作的发展提供了广阔的市场空间。从林产品的贸易流向可以看出，在发展中国家中，中国是林产品的最大进口国，属林产品净进口国。伊尔库茨克州政府把开发森林资源作为振兴东部社会经济的重要组成部分。但由于缺乏资金和技术、劳动力短缺，导致森林工业采伐和加工能力不足，已严重影响了地区森林资源的开发和利用，引进外资和劳动力进行合作是当务之急。在这方面，甘肃拥有丰富的劳动力，占有相当大的优势。

3. 农业生产领域的合作。甘肃省和伊尔库茨克州在农业方面的优势和互补性非常强。从长远看，随着生产结构的调整，我国势必从国际市场进口更多的粮食。而伊尔库茨克州人少地多，因此，两地进行长期农业合作可以大大缓解耕地面积逐年减少、水资源短缺、人口不断增多所产生的压力。

4. 劳务合作。对于伊尔库茨克州政府来说，要振兴经济，特别是开发丰富的自然资源，从境外大量引进劳动力已经成为迫在眉睫的问题。对甘肃省来说，总体上不断增长的人口，特别是就业压力，将是一个长期的社会问题，能够有规模地向伊尔库茨克州输出劳动力，不仅可以有效缓解国内就业压力，保持社会稳定，还可以为国家创造大量外汇。

5. 日用消费品领域的合作。20 多年来，俄罗斯并没摆脱苏联经济产业结构的框架，农、轻、重比例长期失调，轻工业、纺织工业和食品工业发展相对滞后，俄罗斯有 1.4 亿人口，消费品市场巨大。日用消费品和食品生产方面具有很大的优势和竞争力，虽然俄罗斯为了保护本国生产者的利益，采取了种种关税和非关税措施限制国外产品的进口，但可采取合作投资办厂的方式，搞加工贸易和装配贸易，生产纺织品、服装、轻工产品和家电等日用消费品及食品。这种合作方式，既可避开俄罗斯对我国出口产品实行高关税和非关税壁垒，带动生产设备和相关产品的出口，又可改善当地人民生活，促进远东地区经济发展。

（二）两地合作模式

1. 资源开发与利用模式。

（1）政府主导模式。推进两地政府间在矿产资源开发领域的经贸合作。积极探索建立有效的服务体系，完善组织引导和保护两地企业正常开展经贸活动的政府推动机制。在双方互惠互利的基础上，积极推动建立区域间仲裁机制、保险机制，完善区域合作保障机制，逐步建立统一高效的政府间管理、协调、服务系统，以维护区域合作秩序，推动两地间矿产资源合作的良性发展。同时，政府协助推荐有实力、有信誉的企业在自愿的基础上搞好经济项目独立开发或合作开发，并为守规企业创造良好的经济发展环境和安全保障环境。此外，政府应建立定期互访制度和信息交流制度，通过举办"俄罗斯伊尔库茨克州矿产资源项目对接会""产品展销暨商贸洽谈会"等加强资源领域的合作。

（2）大型国有企业合作模式。企业是开发国外资源的生力军，但中国企业要想进军国外资源市场，更好地利用国外资源，现阶段还需要政府的扶持。我国一直在为解决国内矿产资源不足的问题而努力，鼓励企业在国外创办合资采矿基地，其中包括境外铁矿开采基地、有色金属矿及非金属矿（如钾、磷）等矿产资源的开采。有优势的企业以投资、参股或购买开采权、参与产品分成等方式"走出去"，大力发展与俄罗斯、蒙古国在矿产资源开采等领域的合作。积极与俄罗斯合作开发资源，为地方和国家发展战略、进一步参与国际竞争提供原料保证。

（3）民营企业的境外拓展模式。近年来，我国政府积极鼓励大型民营企业队伍开展对俄蒙经贸合作业务，使有优势的民营企业以投资、参股或购买开采权、参与产品分成等方式"走出去"，大力发展与俄罗斯、蒙古国在矿产资源开采等领域的合作，特别是在与蒙古交界地区矿产资源的合作勘查，加快进入俄蒙资源产品的实质性生产领域的步伐。政府综合运用利率、信贷和资金扶持政策，对购买矿产开发权的企业予以一定的财政补贴等。

2. 旅游项目合作。甘肃的旅游资源十分丰富，具有沙漠戈壁、名刹古堡、草原绿洲、佛教圣地、冰川雪山、红色胜迹和民族风情等独特景观。神奇的土地、悠久的历史、灿烂的文化和众多的民族，成就了"文化甘肃、山水甘肃、民俗甘肃、现代甘肃"的旅游品牌。而伊尔库茨克是俄罗斯过境中转旅游中心之一，专程前来旅游观光的外国旅客只占 20%，而 80% 的游客是沿欧洲—远东或是沿中国—蒙古—俄罗斯跨边境旅游的过境中转游客，因此，根据有关部门建议，伊尔库茨克州正在建立一个现代化的过境中转旅游区，包括建立区域旅游网络、直升机机场以及其他交通工具、博物馆、休息娱乐中心等。一个现代化的过境中转旅游区的建立，对促进甘肃省与伊尔库茨克州旅游业的合作发展必将起到积极的作用。

（1）积极开发旅游资源及产品，形成多样化的精品旅游。甘肃省与伊尔库茨克州具有开发多样化旅游精品的资源基础，而且也面临着同样的市场需求趋势。俄罗斯国民素质较高，旅游消费意识很强。同时，两国的文化差异更是旅游的永恒主题，文化差异所形成的神秘感正是旅游者离家外出所追寻的体验，对此应开发更多颇具魅力的旅游线路，设计多样化、更具吸引力、特色的纪念品，以更好地满足人们的不同需求。

（2）加强旅游市场营销，提升旅游产品知名度。一是坚持积极的市场促销方针，建立新的市场促销机制。以国家旅游局每年主题促销活动为契机，以各种旅游交易会和各地旅游节庆活动为载体，广泛宣传，加强两地的旅游合作。二是利用媒体扩大宣传。针对不断变化的旅游市场形势，加强目标客源市场促销，继续开发两地的旅游市场。

3. 科技合作。中国和俄罗斯都具有完整的科研与工业部门及广阔的市场。在科研体制改革与高新技术产业化方面，双方也面临相同的机遇和挑战。中俄在高技术产业方面具有广阔前景与发展的互补性。俄罗斯在许多领域拥有先进的科研设备和优秀人才，有不少科技成果。改革开放以来，中国科技成果产业化条件不断完善，已经形成了良好的科技成果产业化环境。只要双方的优势很好地结合起来，不仅能取得双赢的结果，在世界上也将产生重大影响。为巩固和充实两国长期睦邻友好和战略协作关系，为推动中俄科技合作的进一步发展，我们应进一步加强国家重点科技计划项目的合作，进一步拓宽合作的领域和渠道；建立鼓励青年科技人员交流和人才培养机制，加强交流的基础设施建设。

（1）制定对伊尔库茨克州科技合作的战略。中俄科技合作不仅是扩大双边经贸合作的"催化剂"，更是两国产业结构调整和经济可持续发展的"加速器"。为使两国科技合作稳定、全面地开展，建议中央责成科技部会同外交部、外经贸部等有关部门制定对俄罗斯科技合作战略，将对俄科技合作与国内经济社会发展任务联系起来。要以科技资源整合经济、外交等多种社会资源，推动中俄科技合作的发展。外交部等涉外部门要把国际科技合作特别是对俄、美等国的科技合作置于对外关系的"重要战略地位"，科研和研制部门要从全局出发，破除"一切从头做起"和"闭门造车"的观念，树立自主研究和积极引进相结合的思想。

在对俄科技合作中，要确立"优势互补，共生双赢"的原则；在"平等互利、成果共享、尊重知识产权保护，尊重国际惯例"的方针指引下开展合作。要充分利用中俄最高级会晤的时机，有针对性地研究和解决两国经贸与科技合作中的一些深层次问题，确定一批两国在战略领域进行合作的项目。

（2）建立对伊尔库茨克州科技合作的协调机制。对伊尔库茨克州科技合作不仅涉及科学技术领域，而且还渗透到经济中的各个产业部门；不仅涉及对双方技术的评估、筛选和引进，还包括技术的中介、中试和产业化。为了加强对俄罗斯科技合作成果的产业化，建议充分利用现行的中俄总理定期会晤机制，加强科技合作分委员会、军技合作分委员会以及经贸合作分委员会和银行合作分委员会的横向联系与相互配合，统一协调对伊尔库茨克州科技合作及产业化工作；要借鉴山东省的经验，建立由省领导牵头，各职能部门以及有关地方领导人和科技园区负责人参加的对俄罗斯科技合作指导委员会（领导小组），在省市范围内，统一协调科技合作事宜，为科技合作搭好"平台"。

（3）设立对伊尔库茨克州科技合作风险基金。俄罗斯的科技成果与西方转让的科技成果相比，往往是缺少资金而未经中试的科研项目或者是科技半成品。这些科技成果既具有重要的开发前景又蕴涵着风险。在合作过程中，引进者需要注入大量资金完成后续工作。目前，甘肃省相当多的企业因缺乏资金，无力对俄罗斯科研成果的评估、鉴定和中试进行投资。因此，建议科技部从国家对外科技合作基金中拨出更多的资金（比如1亿元）用于支持甘肃省和伊尔库茨克州合作的重大项目；扩大中小企业创新基金及其他基金的数额，以增加对中俄科技合作项目的支持。同时，在政府支持下，在一些民营经济发达、民间资金富余的省区如浙江省进行试点，采取市场运作方式，建立省区一级的对俄罗斯科技合作风险基金，着重支持俄罗斯科技成果产业化工作。

（4）共建国际性、开放型的研究院和实验室。中俄正处于深化经济改革和产业结构调整时期。两国实现产业升级都需要突破共性的基础技术和关键技术难关。在空间技术、航空航天技术、材料科学、生物技术等能够形成"核心竞争力"的一些关键技术领域，甘肃省存在薄弱环节，而俄罗斯则具有技术优势。过去，这些领域的合作往往是通过专家学者的民间交往进行的。这种办法既不规范也难以持久。目前，我国已经加入WTO，俄罗斯也正在加快"入世"步伐。为了使两国科技合作持续有效地发展，根据双方的需要，与俄罗斯就共建国际性、开放型的研究院和实验室签订协议或意向书。双方就有关领域的合作确立攻关课题。同时，要参照西方多年以来的做法，根据甘肃省技术攻关的需要，租用俄罗斯闲置的实验室和研制设备，聘请俄罗斯技术人员共同完成相关技术课题。

（5）结合大项目的实施加快双边的科技合作。近年来，与俄罗斯大型项目的合作逐年增多。这些大型合作项目往往都是技术含量很高、历时若干年才能完成的项目。在这些项目实施的过程中，常年云集大批的各种技术、技能的专家。这是甘肃省乃至全国吸纳国外高新技术的极好机会。在这方面，江苏连云港田湾核电站和浙江"巨化集团"已经积累了有益的经验。建议今后在双方的大项目合作上参照江苏和浙江的经验，组建技术攻关组织，提出技术攻关的具体项目，通过与俄罗斯专家在施工过程中的共事和研讨，尽快掌握俄罗斯大口径石油管线在高寒地区铺设、防冻等技术方面的经验和先进技术，并在此基础上进一步实现自主知识产权的技术创新。

三、甘肃省发展外向经济应注意的问题

从 18 世纪的英国到 19 世纪的美国，从欧洲大西洋沿岸的葡萄牙、西班牙到亚洲贸易立国的日本，无不是借助对外开放的途径而使本国经济得以快速发展。当今世界是开放的世界，又是一个统一的国际大市场，各国之间在经济上相互联系、相互依赖，任何一个国家都不可能独立于世界经济和国际市场。首先，国际间资本流动加速，货币资本日益国际化。各国政府不再像过去那样严格限制资本的跨国流动，并推行不同程度的金融自由化政策。其次，科学技术在国际上的转移和传递速度也大大加快。随着高新技术的发展，一国的人力财力往往不足以支持技术研发所需要的雄厚的科研力量和高昂的研发费用等条件，这客观上促进了国际间的科学技术合作。甘肃作为内陆欠发达地区，在区域对外开放方面，国家应在政策上给予比当初东部沿海地区更优惠的政策支持，加大对基础设施的投入，为甘肃向西开放创造良好的硬件环境。甘肃在对外开放中要着力做好以下四个方面工作。

（一）优化贸易结构

甘肃出口商品的技术含量总体较低，高耗能、高污染和资源性商品出口增长过快，这也加剧了国内资源、环境的矛盾，不利于经济社会的可持续发展。对此我们应增加国内短缺的重要商品和先进技术设备进口以减小进出口差额，健全贸易摩擦协调应对机制；同时，努力转变外贸增长方式，调整出口结构，努力改善贸易不平衡状况；优化进出口商品结构，控制高耗能、高污染和资源性产品出口，鼓励扩大一般贸易特别是高技术、高附加值产品出口。

（二）提高利用外资质量

改革开放以来，尤其是 20 世纪 90 年代以来，甘肃在利用外资方面取得佳

绩，同时也存在一些问题。在引进外资项目中，中小资本项目尤其是低水平、高污染的外资项目仍占相当大的比重，利用外资结构水平仍偏低。一些外资企业在进行资本投资、增设研发机构同时，对先进技术尤其是核心技术实行严格控制和垄断。在继续扩大利用外资规模的同时，妥善解决利用外资方面存在的问题，优化利用外资结构，提高利用外资质量，对外资的引进设立"环保"和"技术"两道门槛。同时，外资的引进要解决以往的超国民待遇政策，从优惠政策转向国民待遇政策。

（三）积极稳妥地实施"走出去"战略

国内有效需求不足的状况和某些行业生产能力的大量闲置，客观上推动了我国资本与企业发展境外投资，带动国内更深入地参与国际经济交往，在贯彻落实"两个市场、两种资源"的战略思想的同时争取更大的发展空间。当然，企业在"走出去"之前也要加大自主创新投入力度，为走出国门练就自身本领；同时，甘肃省政府应完善鼓励企业境外投资的配套措施，支持和引导更多像联想、海尔和TCL这样有条件的企业进行跨国并购。

（四）妥善处理好国内发展与对外开放的关系

国内一些地区片面追求招商引资的政绩，一味在土地税收方面给予外商优惠甚至不惜损害国家利益，却忽视本地经济发展，给国家带来不应有的损失。统筹处理国内经济发展和对外开放的关系，一方面，通过加大对外开放力度，利用发达国家成功的市场管理制度和经验以及国际市场通用准则来改造和充实国内市场以促进其成长与成熟；另一方面，大力促进国内经济发展，为市场加速成长和完善提供物质基础，并根据甘肃的实际情况确定具有甘肃特色和能够发挥甘肃企业优势的市场经济制度和运行模式，从而为进一步对外开放打下坚实的经济基础。

结 束 语

　　甘肃省和伊尔库茨克州两地发展模式的成因既有历史原因也有资源因素的影响。两者都是在高度集中的计划经济体制下实施资源开发，即大规模开发自然资源，优先发展原材料和装备工业等重工业，优先发展军事工业。围绕能矿资源开发，进行了大规模的工业建设，很快建立起门类齐全、比较完整的重工业体系。在经济体制转轨以后，工业仍以开采和初级加工为主，国有企业特别是国有大中型企业占绝对份额，并支配着地方财政收入，经济发展缺乏动力与活力，这种发展模式承担着很高的体制成本，并且制约经济增长质量和效益的提高。在经济结构调整初期，由于重视了农业和轻工业的发展而忽视了能源、原材料加工等基础产业的发展，使得能源、交通等基础产业的"瓶颈"制约不断加强，从而加大了后来经济结构战略性调整的难度，并且缺乏系统的、具有特色的经济发展思路，在资源开发上过于急功近利，在地方利益和部门利益的驱动下，违背规律地对资源进行掠夺式的破坏性开采，未能达到以强带弱、优势互补的均衡发展模式。因此，两地现行的发展模式都面临共同的问题，主要表现为资源型产业在经济发展中占主导地位、经济体系严重依赖资源开发、经济增长只是对过去已有的畸形经济发展模式的坚守和维护、经济发展质量并没有得到提高。

　　同时，甘肃省和伊尔库茨克州既是资源富集区又是人才流出地。采矿业是其优势产业，由于国际资源型产品价格不断上涨，其发展前景和保障程度都明显优于其他产业，导致资源采掘业劳动力工资不断上涨，降低制造业劳动力的边际生产率和报酬水平，导致劳动力流动产生两方面效应：一是挤出制造业人力资本积累，抑制制造业的发展；二是人才流出虽然可能会增加其收入或解决其失业问题，从而有利于减轻地区就业压力，但同时也挤走了该地区具有潜在创新能力的人力资本，区域经济不可能实现快速和跨越式发展，从而影响地区的长期可持续发展。

一、两地发展面临共同的形势

甘肃省在中长期发展规划中明确指出，甘肃是一个典型的资源型省份，经济结构单一、发展方式粗放，经济发展的资源性约束较强，科技创新能力不强，产业结构不合理，农业基础仍然脆弱，城乡区域发展不平衡。从甘肃省实际看，加快转变经济发展方式，最根本的要从优化经济结构入手，把大力推动技术进步作为转变经济发展方式的关键，突出抓好五个重点：一是坚定不移地加快改造提升和壮大传统产业；二是着力培育新兴产业；三是大力发展现代服务业；四是加强科技创新；五是加快发展现代农业。

与此相对应，普京再次当选为俄罗斯联邦总统，继续实行连续性的较为稳健的经济政策，这将是俄罗斯"从稳定迈向发展"的时期，也是俄罗斯走向国家崛起的时期，强调保障俄罗斯社会政治的基本稳定，调节各种社会矛盾和不同政治集团的利益诉求；摆脱对原材料出口的过度依赖，发展高效低能耗的创新型经济，即俄罗斯的新经济应包括具有竞争力的工业和基础设施、发达的服务业、高效的农业等，更为重要的方面就是，集中经济社会发展，实现经济现代化和国家崛起之重要目标，它将决定俄罗斯经济发展的目标及前景。

由此可见，两地在发展模式的选择上不谋而合，面对共同的挑战和机遇，两地经济社会发展的重点都是整合资源优势，减轻资源束缚，大力发展创新型经济，为区域经济增长创造良好的条件，真正缩小地区差距，实现经济腾飞[163,164]。

（一）摆脱原料型经济，提升本国制造业和国际分工的水平

两地经济的现实情况表明，计划经济时期所形成的传统的国际分工延续至今，经济发展对原材料出口高度依赖。目前，两地经济中来自于能源和原材料等出口的比重占国内生产总值的 25% 以上。两地经济内需也严重依赖外部市场，表现为对消费品、技术和高附加值产品的进口依赖，使其在国内外经济体系中处于不利的地位。为此，将依靠现代化技术发展有竞争力的行业，改变传统产业和提升区域经济竞争力。

（二）拓展创新型经济，加强科技创新的政策扶持力度

竞争是促进经济创新的前提条件，两地应充分发挥自身优势，包括高素质的劳动力、较强的科研水平和较为雄厚的生产基础，以创新科技占领全球市场；鼓励对创新领域进行投资，一方面特别要扶持国有企业的技术创新；另一方面政府要借助税收、关税等政策杠杆，引导私营企业进行投资创新；必须要具有完整的

研发产业链，并不断发展创新产业链；加大对高校和科研机构的财政扶持力度，科研类学府的经费由国家财政预算拨付。

（三）利用各种可能的条件，着力解决创新的资金不足问题

首先，应该提高国内市场的容量，使其更具投资吸引力，鼓励利用好国内的资金，尽量减少资本的流出；其次，改善商业和投资环境，提高国内市场的容量；再次，促进民间资金在资本市场的流动，通过退休基金、信托基金、集体投资基金等方式吸引民间投资；最后，重视引进外资，将本土化生产作为吸引外资的重要渠道。

（四）整合优势企业资源，有条件地控制国有企业的比重

一是组建全球化的、有竞争力的大型国有企业和垂直控股公司，以提高两地企业在国内外分工体系中的地位，增强产品在国际市场上的竞争力；二是让国有公司在创新领域中扮演重要角色，推动高科技和创新产品的发展；三是鼓励企业进行技术创新，加快建立以企业为主体、市场为导向、产学研相结合的技术创新体系，抓好新产品、新技术、新工艺的研究开发。围绕重点产业创新发展，依托重大产业和科研项目，以产业化应用为目标，组织实施重大科技专项攻关，加强与重大项目的对接力度。发展各类科技服务机构和平台，建立以技术转移与成果转化为核心的科技成果产业化基地，形成以应用为导向、高效服务的科技服务和激励机制。

二、研究不足与展望

通过不同尺度下两地资源对经济增长约束的比较分析，笔者认为，要破解自然资源对经济增长的存量控制型约束和结构控制型约束，必须从制度安排、经济转型、技术创新和利益分配入手，以交通干线为依托，对于区位优越的地区重点开发，产业从资源开采向资源深加工序动升级，调整优化资源富集区经济发展模式，减轻资源对经济增长的约束，缩小区域经济发展差异。但受资料和认知能力的影响，以下问题还有待进一步研究深化。

（一）模型有待改善

如何将自然资源对经济增长的约束同技术进步、制度安排等对经济增长的影响纳入同一分析框架中进行分析。尽管本书中采用约束理论分析了资源对经济增长的制约作用，将资源约束视为影响区域经济发展的主要变量，但是不难发现本

书仅将研究重点放在了资源对经济增长的影响中，未考虑自然资源—制度安排—技术进步等要素共同作用下区域发展模式的演变。这主要是因为这一问题本身所具有的难度、统计资料不足及笔者掌握的分析方法的局限性所致，这也是下一步有待重点解决的难点问题之一。

（二）政策保障难以落实

虽然认识到要破解资源对经济发展的结构和数量约束必须从内部与外部资源配置入手，也给出用集约型增长代替粗放型增长、循环经济模式取代传统经济模式、绿色投资取代传统投资以及从制度、经济转型、技术创新和利益分配入手等实施手段，提出了产权制度改革与创新的对策、资源型经济转型的路径、技术创新导向和利益均衡导向的开发对策、积极利用国际资源市场、转变消费观念等政策措施来确保区域发展模式优化升级的顺利实施，但如何保证这些对策有效实施仍是笔者后续研究的重点。

参 考 文 献

[1] 东北师范大学地理系，中国科学院地理研究所编著．苏联经济地理 [M]．科学出版社，1987.

[2] 戈兰别尔格 A. Г. 俄罗斯的区域发展战略 [J]．东欧中业市场研究，2001，(2).

[3] 郭廷建．关于东北老工业基地区域经济一体化的战略构想 [J]．党政干部学刊，2004，(8).

[4] 萨涅耶夫．B. 俄罗斯对东北业国家的能源出口 [J]．区域经济与社会，2004，(2).

[5] 李靖宇，孟昭彬．关于俄罗斯加强远东地区开发问题的现实论证 [J]．俄罗斯中亚东欧市场，2007，(10).

[6] 米纳基尔主编．远东经济改革与危机 [M]．俄罗斯科学院远东分院经济研究所著．哈尔滨：黑龙江教育出版社，1995.

[7] 伊万诺娃．H. 俄罗斯能源战略中的东北亚因素 [J]．世界经济与国际关系，2005，(7).

[8] 殷剑平．俄罗斯区划研究 [J]．西伯利亚研究，2003，(1).

[9] 赵立枝主编．俄罗斯西伯利工业经济 [M]．哈尔滨：黑龙江教育出版社，2002.

[10]（俄）伊诺泽姆采夫著，安启念等译．后工业社会与可持续发展问题研究 [M]．北京：中国人民大学出版社，2004.

[11] 吕铁．缓解资源约束促进产业发展 [J]．中国社会科学院院报，2004，(8)：14 - 15.

[12] 房照增．美国国家能源政策介绍 [J]．中国煤炭，2001，(9)：24.

[13] 郭鹰．日本突破资源瓶颈制约的基本经验 [J]．山东经济战略研究，2005，(4)：26 - 27.

[14] 林治华，赵小姝．俄罗斯经济安全状况的动态分析 [J]．东北亚论坛，2010，(1).

[15] 庄子银．新增长理论的兴起与发展 [J]．山东社学学，2002，(2)：

11 – 16.

［16］宋旭光. 资源约束与中国经济发展［J］. 财经问题研究，2004，（11）：15 – 20.

［17］Malthus, T. R. , 1978, "An Essay on the Principle of Population, as It Affects the Future Improvement of Society", London, J. Johnson.

［18］Romer, D. , 2001, Advance Macroeconomics, Second Edition, Shanghai University of Finance & Economics Press, The McGraw – Hill Companies, Inc, pp. 37 – 41.

［19］Nordhaus, W. D. , 1992, Lethal Model 2："The Limits to Growth Revisited", Bookings Papers on Economic Activity, No. 2, pp. 1 – 43.

［20］William J Baumol, Wallace E Oates. The Theory of Environmental Police ［M］. Cambridge University Press, 1988：122 – 123.

［21］史忠良，肖四如著. 资源经济学［M］. 北京：北京出版社，1993.

［22］陈才等. 区域经济地理学原理［M］. 北京：中国科学技术出版社，1991 年版，第 74 页.

［23］Ron Boschma. The Handbook of Evolutionary Economic Geography ［M］. Journal of Evolutionary Economics, Vol. 9, Issue 4, 1999.

［24］（美）罗伯特·J·巴罗，哈维尔·萨拉伊马丁著，何晖，刘明兴译. 经济增长［M］. 北京：中国社会科学出版社，2000.

［25］（美）卡森（Carson, R.）. 寂静的春天［M］. 上海：上海译文出版社，2008.

［26］芭芭拉·沃德/勒内·杜博. 只有一个地球［M］. 吉林：吉林人民出版社，1997.

［27］（美）德内拉·梅多斯，乔根·兰德斯，丹尼斯·梅多斯著，李涛，王智勇译. 增长的极限［M］. 北京：机械工业出版社，2006.

［28］马子红，胡宏斌. 自然资源与经济增长：理论评述［J］. 经济论坛，2006，（7）：45 – 48.

［29］国家发展改革委国民经济综合司. 我国经济发展面临的资源约束形式和风险分析［J］. 中国经贸导刊，2004，（21）：19 – 20.

［30］朱锦昌. 着力化解资源约束矛盾［N］. 经济日报，2004 年 12 月 6 日第 9 版.

［31］洪水峰，杨昌明. 区域经济发展与自然资源开发的相关关系的检验分析—以湖北省为例［J］. 中南财经政法大学学报，2005，（1）：56 – 60.

［32］陈林生，李刚. 资源禀赋、比较优势与区域经济增长［J］. 财经问题

研究，2004，（4）：63 – 66.

[33] 关凤峻. 自然资源对我国经济发展贡献的定量分析 [J]. 资源科学，2004，（7）：33 – 37.

[34] 刘荣增，朱继业，张京祥等. 苏州市经济持续发展过程中的资源与环境问题透析 [J]. 长江流域资源与环境，2001，（4）：189 – 294.

[35] 茅于轼. 我国能源政策中的几个问题 [J]. 发展，2005，（9）：14 – 16.

[36] 王大用. 中国经济增长方式的反思 [J]. 招商周刊，2005，（21）.

[37] 王海建. 资源约束、环境污染与内生经济增长 [J]. 复旦学报（社会科学版），2000，（1）：76 – 80.

[38] 江林茜. 自然资源与经济增长的关系分析 [J]. 成都理工学院学报，2000，（11）：250 – 254.

[39] 焦必方. 环保型经济增长—21 世纪中国的必然选择 [M]. 上海：复旦大学出版社，2001.

[40] 刘凤良，郭杰. 资源可耗竭、知识积累与内生经济增长 [J]. 中央财经大学学报，2002，（11）：64 – 67.

[41] 周天勇，夏徐迁. 什么样的体制才能保证我国的能源安全 [J]. 财经问题研究，2007，（1）：19 – 27.

[42] 高岚，吴红梅. 多管齐下破"资源瓶颈" [N]. 山西经济日报，2005/04/02.

[43] 金碚. 资源与环境约束下的中国工业发展 [J]. 中国工业经济，2005，（4）：61 – 62.

[44] 朱锦昌. 缓解资源"瓶颈"，坚持可持续发展 [J]. 理论前沿，2005，（5）：99 – 100.

[45] Romer D. Advanced Macroeconomics（Second edition）[M]. Shanghai University of Finance & Economics Press, The McGraw – Hill Companies, Inc, 2001, 30 – 38.

[46] Boudeville J. R. , Problems of Regional Economic Planning. Edinburgh：Edinburgh University Press, 1966.

[47] Friedman, J. and Weaver, C. , Territory and Function：the Evolution of Regional Planning. London：Edward Arnold, 1979.

[48]（德）杜能著，吴衡康（译）. 孤立国同农业和国民经济的关系 [M]. 北京：商务印书馆，1986.

[49]（德）阿尔弗雷德·韦伯著，李刚剑等（译）. 工业区位论 [M]. 北京：商务印书馆，1986.

［50］ Frie & naan, J., Regional Development Policy: A Case Study of Venezuela. Cambridge, Mass MIT Press, 1966.

［51］ Williamson, J. G., 1965. "Regional Inequality and the Process of National Development: A Description of the Patterns." Economic Development and Cultural Change, 13 (2).

［52］ North, D. C., "Location Theory and Regional Economic Growth." Journal of Pohtical Economy, 1955, 63 (6).

［53］ Hirschman, A. O., The Strategy of Economic Development. New Haven: Yale University Press, 1958.

［54］ Hermansen, T., 1972. " Development Poles and Related Theories: A Synoptic Approach," in N. M. Hansen, ed., Growth Centers in Regional Economic Development. New York: The Free Press.

［55］ Coraggio, J. L., Towards a Revision of the Growth Pole Theory. Viertel Jahres Berichte, 1974, 53, pp. 283 – 308.

［56］ Friedman, J. Planning in the Public Domain: From Knowledge to Action. Princeton University Press, Princeton, NJ, 1988.

［57］ Friedman, J. China's Urban Transition. University of Minnesota Press, Minneapolis, MN, 2005.

［58］ 杨友孝. 约翰弗里德曼空间极化的一般理论评价 ［J］. 经济学动态, 1993, (7): 69 – 73.

［59］ Krugman, P., 1991a. Increasing Returns and Economic Geography. Journal of Political Economy, 99, pp. 483 – 499.

［60］ Krugman, P., 1991b. Geography and Trade. Cambridge, Mass.: MIT Press.

［61］ Porter, M. E., 1990. The Competitive Advantage of Nation. New York: The Free Press.

［62］ Porter, M. E., 1998. "Clusters and the New Economics of Competition." Harvard Business Review, 76 (6).

［63］ 董锁成. 经济地域运动论: 区域经济发展的时空规律研究 ［M］. 北京: 科学出版社, 1994.

［64］ 陆大道. 区位论及区域研究方法 ［M］. 北京: 科学出版社, 1988.

［65］ 杨开忠. 改革开放以来中国区域发展的理论与实践 ［M］. 北京: 科学出版社, 2010.

［66］ 陆大道. 中国工业布局的理论与实践 ［M］. 北京: 科学出版社, 1990.

［67］陆大道. 区域发展及其空间结构［M］. 北京：科学出版社，1999.

［68］Иванова В. Финансово-кредитные организации в системе регионального управления социально-экономическим развитием［J］. Экономист，2003，(7).

［69］萨乌什金（著），杨郁华（译）. 经济地理学导论［M］. 北京：生活·读书·新知·三联书店，1957.

［70］А. Е. 普洛渤斯特. 社会主义工业布局概论［M］. 北京：商务印书馆，1987.

［71］Н. Н. 涅克林索夫. 区域经济学［M］. 北京：东方出版社，1987.

［72］郁华. 地域生产综合体［J］. 地理科学进展，1984，(3).

［73］刘钢. 地域生产综合体理论与增长极核理论的评价［J］. 新疆财经，1990，(2)：52 – 55.

［74］蒋国平. 自然资源对区域发展的影响和开发策略［J］. 经济师，2004，(4)：246 – 248.

［75］朱孔山. 论自然条件与自然资源对区域产业发展的影响［J］. 临沂师专学报，1995，(12)：54 – 57.

［76］Ассекритов С，Широбокова В. Межбюджетные отношенения：проблемы и подходы к их решение［J］. Экономист，2001，(1) 67 – 70.

［77］Баранов С，Скуфьина Т. Анализ межрегиональной дифференциации и построение рейтингов субъектов российской федерфциии［J］. Экономист，2005，(8) 20 – 24.

［78］Березина Е. А，Ионкин В. П. Воздействие политических факторов на экономическое развитие региона［J］. Регион：экономика и социалогия，2003，(1). С. 66 – 75.

［79］Богатуров А. Российский Дальний Восток в новых геопространственных измерениях восточтой евразии［J］. Мировая экономика и международные отношения，2004，(10).

［80］Кузнецова О. В. Региональная политика в России в постсоветское время：история развития［J］. Общественные науки и современность，2005，(2).

［81］Иванова В. Финансово-кредитные организации в системе регионального управления социально-экономическим развитием［J］. Экономист，2003，(7). С. 27 – 33.

［82］Федеральная целевая программа 《экономическое и социальное развитие Дальнего Востока и Забайкалья на 1996 – 2005 и до 2010 года》［R］.

Владивосток：2004.

[83] 李丽. 论区域经济发展模式及其优势定位 [J]. 内蒙古社会科学，2003，（3）：158 - 160.

[84] 方创琳. 区域发展战略论 [M]. 科学出版社，2002：55 - 74.

[85] 黄鲁成. 论东北亚区域经济发展模式 [J]. 东北亚论坛，1995，（2）：17 - 19.

[86] 东北师范大学地理系，中国科学院地理研究所. 苏联经济地理（下册）[J]. 北京：科学出版社，1987，135 - 165.

[87] Ассекритов С, Широбокова В. Межбюджетные отношения：проблемы и подходы к их решению [J]. Экономист，2001，（1）67 - 70.

[88] Баранов С, Скуфьина Т. Анализ межрегиональной дифференциации и построение рейтингов субъектов российской федерфциии [J]. Экономист，2005，（8）20 - 24.

[89] Березина Е. А, Ионкин В. П. Воздействие политических факторов на экономическое развитие региона [J]. Регион：экономика и социалогия，2003，（1）66 - 75.

[90] Иванова В. Финансово-кредитные организации в системе регионального управления социально-экономическим развитием [J]. Экономист，2003，（7）. 27 - 33.

[91] Федеральная целевая программа 《 экономическое и социальное развитие Дальнего Востока и Забайкалья на 1996 - 2005 и до 2010 года》 [R]. Владивосток，2004.

[92] 张复明，景普秋. 资源型经济的形成：自强机制与个案研究 [J]. 中国社会科学，2008，（5）：117 - 130.

[93] D. W. Caves, L. R. Christensen and W E. Diewert. The Economic Theory of Index Numbed of the Measurement of Input, Output and Productivity [J]. Econometrica, 1982 (50：6, November).

[94] 雷明，冯珊. 全要素生产率 TFP 变动成因分析 [J]. 系统工程理论与实践，1996 (4)：1 - 12.

[95] 罗浩. 广东省区域经济差距的分解研究 [J]. 地域研究与开发，2005，24 (1)：44 - 48.

[96] 吴殿廷. 中国三大地带经济增长差异的系统分析 [J]. 地域研究开发，2001，20 (2)：10 - 15.

[97] 吴殿廷. 试论中国经济增长的南北差异 [J]. 地理研究，2001，20

(2)：238 - 243.

[98] 中兼和津次（日）. 中国地区差异的结构及其机制 [J]. 管理世界，1994，(5)：171 - 176.

[99] 覃成林. 中国区域经济差异变化的空间特征及其政策含义研究 [J]. 地域研究与开发，1998，17 (2)：36 - 39.

[100] [日] 速水佑次郎，神门善久著，李周（译）. 发展经济学：从贫困到富裕（第三版）[M]. 北京：社会科学文献出版社，2009：117 - 160.

[101]（瑞典）冈纳·缪尔达尔著，（瑞典）塞思·金缩写，方福前译. 亚洲的戏剧：南亚国家贫困问题研究 [M]. 北京市：首都经济贸易大学出版社，2001. 10 - 234.

[102] Christensen L R, Jorgenson D W, Lau L J. Conjugate duality and the transcendental production function [J]. Econometrica, 1971, July: 255 - 256.

[103] Christensen L R, Jorgenson D W, Lau L J. Transcendental logarithmic production frontiers [J]. Review of Economics and Statistics. 1973, Feb.: 28 - 45.

[104] Granger C W J. Investigating causal relations by econometric models and cross-spectralmethods [J]. Econometrica, 1969, 37: 424 - 438.

[105] KraftJ, Kraft A. On the relationship between energy and GNP [J]. Energy Development, 1978, 3: 401 - 403.

[106] Erol U, Yu E S H. On the relationship between electricity and income for industrialized countries [J]. Journal of Electricity and Employment, 1987, 13: 113 - 122.

[107] Glasure Y U, Lee A R. Cointegration, error-correction, and the relationship between GDP and electricity: the case of South Korea and Singapore [J]. Resource and Electricity Economics, 1997, 20: 17 - 25.

[108] Yu E S H, Choi J Y The causal relationship between electricity and GNP: an international comparison [J]. Journal of Energy and Development, 1985, 10: 249 - 272.

[109]（美）爱德华·阿克曼. 日本的自然资源及其与日本经济发展的关系 [M]. 北京：商务印书馆，1959.

[110] 胡键. 俄罗斯转轨的制度经济学分析 [M]. 上海：学林出版社，2004.

[111] 王军. 可持续发展 [M]. 中国发展出版社，1997.

[112] 李志宏. 新古典经济增长理论的局限性——基于面板数据的实证分析 [J]. 经济科学，2004 (4)：101 - 109.

[113] 王万山，廖卫东．中国自然资源产权市场应如何转轨 [J]．改革，2002，(6)：26-33.

[114] 代吉林．我国的自然资源产权-政府行为与制度演进 [J]．当代财经，2004，(7)：19-23.

[115] (美) 诺思．制度、制度变迁与经济绩效 [M]．上海：上海三联书店，1994年版．

[116] (德) 柯武刚，史漫飞．制度经济学：社会秩序与公共政策 [M]．北京：商务印书馆，2002年版．

[117] (日) 青木昌彦，奥野正宽．经济体制的比较制度分析 [M]．北京：中国发展出版社，1999年版．

[118] 芮建伟，王立杰，刘海滨．矿产资源价值动态经济评价模型 [J]．中国矿业，2001，(2)：31-33.

[119] 魏晓平，王新宇．矿产资源最适耗竭经济分析 [J]．中国管理科学，2002，(5)：78-81.

[120] (美) 西奥多·W·舒尔茨．报酬递增的源泉 [M]．北京大学出版社，2001，第136页．

[121] 钟水映，简新华主编．人口、资源与环境经济学 [M]．北京：科学出版社，2005年版：172-174.

[122] 李金昌．资源经济学新论 [M]．重庆：重庆大学出版社，1995年版：1.

[123] 晏磊，谭仲军．论可持续发展的物质基础体系 [J]．中国人口·资源与环境，1998，8 (4)：16-19.

[124] 蒋国平．自然资源对区域发展的影响和开发策略 [J]．经济师，2004，(4)：246-248.

[125] 朱孔山．论自然条件与自然资源对区域产业发展的影响 [J]．临沂师专学报，1995，(12)：54-57.

[126] 李坤望．经济增长理论与经济增长的差异性 [M]．山西经济出版社，1998年．

[127] 余江，叶林．经济增长中的资源约束和技术进步———一个基于新古典经济增长模型的分析 [J]．中国人口·资源与环境，2006，16 (5)：7-10.

[128] Wright, G and Czelutsa, J. Resource-based economic growth, past and present [M]. Stanford University. 2002.

[129] Sachs, J. and Warner, 1995, "Natural Resource Abundance and Economic Growth", NBER Working Paper, No. 5398.

［130］Sacks, J. D. and Warner, A. M. Natural resource abundance and economic growth ［R］. Center for International Development and Harvard Institute for International Development, Harvard University, Cambridge MA. 1997.

［131］Sacks, J. D. and Warner, A. M. The big push, natural resource boom and growth ［J］. Journal of Development Economics Vol. 59: 1999. 43 – 76, 1998.

［132］Gylfason, T., Herbertsson, T. T., Zoega, G, 1999, "A Mixed Blessing: Natural Resources and Economic Growth", Macroeconomic Dynamics, 3: 204 – 225.

［133］赵丽霞, 魏巍贤. 能源与经济增长模型研究 ［J］. 预测, 1998, (6): 32 – 34.

［134］王海建. 耗竭性资源管理与人力资本积累内生经济增长 ［J］. 管理工程学报, 2000, 14 (3): 11 – 13.

［135］田立新. 能源经济系统分析 ［M］. 北京: 社会科学文献出版社, 2005 年版, 第 165 页.

［136］(美) 罗伯特 J·巴罗, 哈维尔·萨拉伊马丁著, 何晖, 刘明兴译. 经济增长 ［M］. 北京: 中国社会科学出版社, 2000.

［137］William Nordhuas. Lethalmodel 2: "the limits to growth revisited" ［J］. Brookings Papers on Economic Activity, 1992, (2): 1 – 43.

［138］薛俊波, 王铮, 朱建武等. 中国经济增长的"尾效"分析 ［J］. 财经研究, 2004, 30 (9): 5 – 14.

［139］谢书玲, 王铮, 薛俊波. 中国经济发展中水土资源的"增长尾效"分析 ［J］. 管理世界, 2005, (7): 22 – 25.

［140］李磊, 张换兆, 朱彤. 土地"尾效"、泡沫与日本经济增长 ［J］. 日本研究, 2008, (3): 31 – 35.

［141］崔云. 中国经济增反中土地资源的"尾效"分析 ［J］. 经济理论与经济管理, 2007, (11): 32 – 37.

［142］LESTER R BROWI, BRIAN HILWEI. China1's water shortage could shake world food security ［J］. World Watch. 1998. (7 – 8): 10 – 18.

［143］李善同, 候永志, 翟凡. 中长期中国仍然具有快速增长的潜力 ［J］. 中国工业经济, 2002, (6): 15 – 19.

［144］连锦聚. 论中国经济中长期发展的决定因素及基本趋势 ［J］. 南开经济研究, 2003, (3): 3 – 7.

［145］徐康宁, 王剑. 自然资源丰裕程度与经济发展水平关系的研究 ［J］. 经济研究, 2006, (1): 78 – 90.

［146］杨杨, 吴次芳, 罗罡辉等. 中国水土资源对经济的"增长阻尼"研

究 [J]. 经济地理, 2007, 27 (4): 529 – 532.

[147] 杨杨, 吴次芳, 韦仕川等. 土地资源对中国经济的"增长阻尼"研究—基于改进的二级 CES 生产函数 [J]. 中国土地科学, 2010, 24 (5): 19 – 25.

[148] Romer D. Advanced Macroeconomics (Second edition) [M]. Shanghai University of Finance & Economics Press, The McGraw – Hill Companies, Inc, 2001, 30 – 38.

[149] 张军, 吴桂英, 张吉鹏. 中国省际物质资本存量估算: 1952—2000 [J]. 经济研究, 2004, (10): 35 – 43.

[150] 余江, 叶林. 经济增长中的资源约束和技术进步——一个基于新古典经济增长模型的分析 [J]. 中国人口·资源与环境, 2006, 16 (5): 7 – 10.

[151] 刘耀彬, 陈斐. 中国城市化进程中的资源消耗"尾效"分析 [J]. 中国工业经济, 2007, 36 (11): 48 – 55.

[152] 雷鸣, 杨吕明, 王丹丹. 我国经济增长中能源尾效约束的计量分析 [J]. 能源技术与管理, 2007, (5): 101 – 104.

[153] 戈兰别尔格 А. Г. 俄罗斯发展战略中的西伯利亚与远东 (报告提要) [C]. 中俄区域合作与发展国际会议论文集. 哈尔滨: 某某出版社, 2001.

[154] 陆南泉. 俄罗斯经济结构调整趋势与制约因素 [J]. 俄罗斯中亚东欧研究, 2009, (1).

[155] 关雪凌, 宫艳华. 俄罗斯产业结构的调整问题与影响 [J]. 复旦学报 (社会科学版), 2010, (2).

[156] 高晓慧. 俄罗斯经济增长中的结构问题 [J]. 俄罗斯中亚东欧研究, 2005, (4).

[157] 徐向梅. 俄罗斯经济: 增长衰退与不稳定的复苏 [J]. 中国党政干部论坛, 2010, (1).

[158] 曲文轶. 中俄经济结构异同及其对两国经济关系的影响 (上) [J]. 俄罗斯研究, 2007, (6).

[159] 林跃勤. 转型国家经济协调发展问题研究——中俄经济结构调整与增长方式转变 [J]. 俄罗斯中亚东欧研究, 2008, (1).

[160] 景维民, 黄秋菊. 国家制度能力与经济结构调整——基于转型期的中俄比较研究 [J]. 南开学报 (哲学社会科学版), 2011, (1).

[161] 张复明. 资源型经济的转型模式研究 [J]. 经济研究参考, 2002, (81).

[162] 永秀, 岳利萍. 资源共享机制初探 [N]. 光明日报 (理论版), 2005

年 3 月 15 日第 7 版.

[163] 德米特里·梅德韦杰夫：《国情咨文》[Z]. 2010 – 11 – 30.

[164] 埃德加·M·胡佛著，张翼龙译. 区域经济学导论 [M]. 北京：商务印书馆，1990.

[165]（俄）Владимир Путин：Россия и меняющийся мир [EB/OL]. putin2012. ru.

后　　记

　　多年的求学生涯在师长、亲友的大力支持下，走得辛苦却也收获满囊，在博士学位论文即将付梓之际，思绪万千，心情久久不能平静。本书是在我博士学位论文的基础上修改、充实而成，在重新整理过程中，一度出于紧张惶恐的状态之中，总感到自己的粗陋与肤浅，感到思维的不甚严密和语言的贫乏无力，因为越深入研究就越不敢妄言，了解得越多，就越发现现象及背后机制的复杂性。写作此文的经历，也是认清自己的过程，尤其是自己所欠缺的东西，并挖掘到自己可以努力的方向。

　　本书的顺利完成，离不开各位老师、同学和朋友的关心与帮助。尤其是我的导师、中国科学院地理科学与资源研究所董锁成教授在写作过程中给予了精心的指导，从选题、结构安排、写作直至最后定稿，无处不凝结着董老师的心血与睿智，学生谨向导师致以真诚的谢意！同样，在中国科学院地理科学与资源研究所求学期间，也得到了多位老师关心和帮忙，在此一并感谢！

　　感谢一直在背后默默关心我、支持我，给我全部的爱和最无私奉献的父母和妻子，多年来，是你们的爱支撑着我，给我前进的动力和冲破困难的勇气，给我始终坚持的希望和追求理想的信心，是你们的付出换来了我今天的成绩，我的一切收获和成果都属于你们，我将用毕生的努力为你们赢得荣誉和幸福！

　　最后，感谢王丽同学，为本书出版做了大量工作！

作者

2017 年 2 月